Esquilo, poeta de la guerra

Marta González González

Esquilo, poeta de la guerra

Miedo y compasión de un combatiente
en Salamina

Alianza editorial
El libro de bolsillo

Primera edición: febrero de 2026

Diseño de colección: Estrada Design
Diseño de cubierta: Manuel Estrada

© Marta González González, 2026
© Alianza Editorial, S. A., Madrid, 2026
   Calle Valentín Beato, 21
   28037 Madrid
   www.alianzaeditorial.es

PAPEL DE FIBRA
CERTIFICADA

ISBN: 979-13-7009-154-5
Depósito legal: M-20935-2025
Printed in Spain

Índice

Nos arriesgamos, si no hacemos un serio esfuerzo de análisis, a que un día, tarde o temprano, la guerra nos encuentre impotentes, no sólo para actuar, sino incluso para juzgar.

SIMONE WEIL, *La Ilíada o el poema de la fuerza*

Para que ese día no llegue.

Introducción

Una figura atraviesa estas páginas: Casandra, la princesa de Troya, hija de Príamo, que, en la toma de la ciudad por parte de los griegos, es violada por Áyax Oileo tras arrancarla violentamente del templo en el que se refugiaba, abrazada a la estatua de la diosa Atenea. La misma Casandra que después será ofrecida a Agamenón, el caudillo del ejército vencedor, como «flor escogida», parte muy especial de ese botín compuesto por mujeres y riquezas con el que los griegos emprendieron el regreso a casa.

Esquilo compara a Casandra con dos aves, el ruiseñor y la golondrina, unidas ambas en un conocido mito que sirve también como uno de los hilos conductores de este ensayo: la historia del tracio Tereo que, casado con la ateniense Procne, violó y mutiló a Filomela, hermana de esta. Las dos se vengaron matando a Itis, hijo del matri-

11

monio. Tereo las persiguió buscando venganza, pero los dioses terminan por transformarlos a los tres en aves: Tereo en halcón (ave de presa), Procne en ruiseñor (con un inagotable canto de lamento por su hijo) y Filomela en golondrina (el ave cuyo canto se asemeja, como veremos, al intento de hablar de alguien a quien han cortado la lengua y que simboliza la pérdida de voz a consecuencia del trauma).

Tras su victoria en Troya, los griegos sufrieron un desastroso regreso a la Hélade. A la cólera de Posidón se unió también la de Atenea, que había sido firme aliada suya hasta el episodio de Casandra. Pero la brutalidad del ejército aqueo se cobró muchas más víctimas, como el hijo de Héctor y Andrómaca, ejecutado por miedo a que algún día quisiera vengarse.

En las tragedias de Esquilo (*ca.* 525-456 a. C.), en las poquísimas conservadas, nos encontramos con estas historias, imágenes que hablan del lado más oscuro de la guerra, de sus víctimas mortales, pero también de las que sobreviven a la contienda para encontrarse con un destino peor que la muerte. Por eso aparecen el ruiseñor, la golondrina, los halcones y las palomas: el lamento, el trauma y el exilio. Esquilo fue a la vez poeta y soldado, y, por tanto, tuvo un conocimiento directo de la guerra. Una evidencia que él mismo dejó en el epitafio que supuestamente compuso para sí mismo, donde no mencionaba su vida de dramaturgo, sino su valor en la lucha contra los persas:

A Esquilo, hijo de Euforión, ateniense, lo cubre esta
[tumba,
a él que murió en Gela fértil en trigo.
El bosque de Maratón podría hablar de su celebrada
[fuerza,
y el medo de larga cabellera, que bien la conoce.

Y, sin embargo, pese a ser este un dato bien conocido, no ha sido tenido en cuenta en toda su complejidad y extensión a la hora de analizar la obra del poeta. Abundan, en cambio, los estudios de Esquilo como un filósofo o teólogo preocupado esencialmente por la Justicia (*Díkē*) de Zeus, además de, como es lógico, aquellos centrados en su figura como «creador» de la tragedia. No obstante, el Esquilo combatiente, superviviente de grandes batallas, es el mismo Esquilo autor trágico que tanto admiramos, y su condición de soldado tuvo que afectar necesariamente a su producción dramática, como trataré de demostrar.

La guerra en el centro de la tragedia

La tragedia griega ha sido estudiada desde muchos puntos de vista, que no deberían ser, en principio, excluyentes. Incluso dejando de lado los enfoques estrictamente literarios y lingüísticos, encontramos líneas de investigación muy productivas como las que analizan la tragedia en su relación con la política, el mito, la religión, o los problemas sociales de exclusión, inclusión y construcción de la identidad. Se trata de aproximaciones siempre complejas, y el hecho de citarlas a modo de lista no quiere decir que ninguno de estos análisis pueda hacerse, en ningún caso, descuidando los demás[1]. En cuanto a la perspectiva de género y a los estudios sobre la mujer en la Antigüedad clásica en general, y en la tragedia ática en particular, los estudios se han multiplicado en los últimos años[2], aunque creo que en muchos casos es necesario matizar las conclusiones a las que se ha llegado, especialmente en los estudios de corte estructuralista[3].

El análisis que aquí propongo, que trata de pensar a Esquilo como un poeta de la guerra, incorpora en mayor o menor medida muchas de estas perspectivas, pero parte sobre todo de una serie de estudios en los que la guerra se ha situado en el centro de la atención. Y es que sucede que diversos trabajos recientes han llegado por diferentes vías a señalar lo pertinente que es atender a la

1. Por citar solo estudios de conjunto, véanse los siguientes títulos, la mayoría de los cuales son *companions* que suelen incluir capítulos dedicados a diferentes aproximaciones al estudio de la tragedia, por ejemplo, Easterling 1997, Bushnell 2005, Gregory 2005, Rabinowitz 2008, Hall 2010, Scodel 2010.
2. Es imposible ofrecer un listado exhaustivo de la bibliografía disponible. A título orientativo, recuerdo aquí algunas obras fundamentales: Zeitlin 1978; Easterling 1987; Bouvrie 1990; Foley 2001; Rabinowitz 1993; McClure 1999; Dué 2006.
3. Volveré a este asunto con un ejemplo concreto en el capítulo 4, al estudiar la *Orestía*. Me refiero a un tipo de estudios que han exagerado las oposiciones masculino/femenino, eliminando los matices y atribuyendo a los textos de la Antigüedad griega una misoginia sin fisuras injusta con la riqueza y densidad de los personajes y tramas de la tragedia.

guerra como elemento condicionante de la tragedia griega ática en general. Así lo expresa Simon Critchley en *La tragedia, los griegos y nosotros*: «La tragedia se representaba ante una audiencia que, o había participado directamente en la guerra, o se había visto implicada en ella indirectamente. Todos estaban traumatizados por ella y sentían sus efectos»[4].

Pascal Payen ha dedicado un volumen fundamental a lo que él ha llamado «les revers de la guerre», es decir, no la guerra en cuanto a sus orígenes, historia y tácticas, sino «un análisis de su organización, sus ritos, sus excesos, privilegiando el punto de vista de aquellos que la han sufrido»[5]. Payen ha rastreado en los textos griegos indicios que nos dejan ver algo de la vida que esperaba a los perdedores de las guerras, a los cautivos, heridos, sometidos y torturados de mil maneras distintas, prestando una atención especial a la suerte de las prisioneras de guerra: «Para estudiar la cuestión de las mujeres cautivas en la Antigüedad griega y en época clásica, no es que nos falten documentos, sino voluntad por parte de los modernos para reconocer un *problema* planteado por los antiguos»[6].

Merecen también una mención especial los estudios de Peter Meineck, que, en esta misma línea de considerar la guerra como sustrato ineludible en el estudio de la tragedia ática, se fija en la posibilidad de aprender algo nuevo sobre este género a partir del estudio de su recepción

4. Critchley 2019: 18.
5. Payen 2012: 85.
6. Payen 2012: 139. Cursiva del autor.

por parte del público de aquella Atenas del siglo v a. C., formado, básicamente, por combatientes. He tenido su perspectiva especialmente en cuenta a la hora de analizar *Siete contra Tebas*, en concreto las palabras y acciones del coro, formado por un grupo de jóvenes, todavía niñas, aterradas ante la posibilidad de que un ejército extranjero entre en la ciudad. Meineck se pregunta por la reacción del público ante ese miedo expresado por el coro y se pregunta también, más específicamente, si entre el público habría hombres que, en diferentes campañas bélicas, pudieran haber sido responsables de atrocidades –violaciones y saqueos– como las que se sugieren en escena[7]. Se plantea Meineck si ese público sentiría empatía con las víctimas, si llegaría a cuestionarse sus propias prácticas militares. Lo inaccesible que la reacción del público pueda resultar para el análisis no hace que la pregunta sea impertinente. Como señala Critchley: «De entre las muchas cosas que no conocemos de la tragedia antigua, la más importante y la más enigmática es, en cierto sentido, qué es lo que se suponía que el espectador se llevaría consigo de estos espectáculos»[8].

La violencia dramatizada

Si bien la violencia bélica ha tenido, tradicionalmente, en las guerras convencionales, como principales vícti-

---

7. Meineck 2017: 51-56.
8. Critchley 2019: 5.

mas a los hombres, también existe una forma específica de violencia, la violencia sexual contra las mujeres, que merece una atención especial, pero que solo recientemente ha empezado a formar parte de los intereses de los estudiosos[9]. En este terreno hay que mencionar las numerosas contribuciones de Kathy L. Gaca en las que defiende la tesis de que el objetivo de las «guerras de devastación» era capturar, dominar y explotar a mujeres y niñas, lo que requería como paso previo el exterminio de los varones de todas las edades[10]. En relación con esta tesis, la autora ha desarrollado una serie de estudios en los que reflexiona sobre el sentido del verbo *andrapodízō* (ἀνδραποδίζω), traducido habitualmente como «esclavizar», «convertir en esclavo». El paso previo para la *andrapodización* (captura y subyugación) de las mujeres era, por lo tanto, la eliminación de los varones, como se puede ver con claridad en *Troyanas*, de Eurípides.

Es clara la distinción entre la suerte de los hombres y la de las mujeres en la guerra y después de ella, y veremos que en las tragedias de Esquilo existe material para la reflexión sobre este asunto. Se ha escrito mucho sobre la muerte –la «bella muerte», incluso– en el campo de batalla, pero no tanto, o apenas nada, sobre la muerte *después* de la batalla, o *la vida peor que la muerte* que espera a las cautivas de guerra. Al temible destino de quienes pierden las guerras, pero no mueren en el campo de batalla, se dedican tanto

---

9. Van Wees 1992, Kern 1999.
10. Gaca 2015: 291. Véase también Gaca 2010, 2011 y 2016.

el estudio antes mencionado de Pascal Payen como los artículos de Kathy L. Gaca. En ambos casos se insiste en que en los textos de los autores griegos se encuentra información abundante sobre este mundo oscuro, con el empleo de un vocabulario muy específico. Así, Pascal Payen recuerda cómo el término *aichmálōtos* (αἰχμάλωτος), con el que los autores trágicos, entre otros, se refieren a las mujeres tomadas como esclavas mediante la lanza, tiene un significado muy específico y preciso:

> *Halotos* no significa solo 'apresado'; el verbo *halískomai* comporta la idea de ser apresado repentinamente, sobre la marcha, sin poder defenderse ni resistirse, frente a la lanza del enemigo. Designando al prisionero de guerra a partir del modo en el que ha sido capturado, el término expresa, parece, con su valor pasivo, el punto de vista de la víctima[11].

Las prisioneras tomadas por la lanza serán en adelante un cuerpo a disposición del vencedor. Esto explica afirmaciones como que un destino de muerte es mejor (*Siete contra Tebas* 336-7), o la amenaza de suicidio ante la posibilidad de caer en esas manos enemigas (*Suplicantes* 465): las vencidas no tienen otra manera de recuperar la posesión de sus cuerpos que la propia muerte. Veremos cómo el término *aichmálōtos* aparece en *Agamenón*, en boca de Clitemnestra, para referirse a Casandra, el botín de guerra que Agamenón ha llevado consigo desde Tro-

11. Payen 2012: 114-15.

ya. Atender al significado del término con la precisión que acabamos de ver («apresada a punta de lanza de forma repentina») explica que Casandra sea comparada por el coro con una fiera recién capturada, consiguiendo Esquilo que el público de entonces y el lector de ahora se haga cargo de la violencia de la situación, del trato dispensado a las mujeres cautivas, a quienes se cazaba como animales.

Este proceso de *andrapodización* hace pensar en algunos pasajes del ensayo que publicó Simone Weil en los comienzos de la Segunda Guerra Mundial. Tomando como base la *Ilíada*, Weil también reflexionaba acerca de la fuerza que no mata *todavía*, de la fuerza que era capaz de convertir en una cosa a un ser humano todavía vivo. Weil mencionaba el horror que le esperaba a Criseida, cautiva troyana, a cuyo padre, Crises, Agamenón le advierte que no la devolverá, que la llevará con él y que pasará el resto de su vida *lejos de su país*, trabajando para él, ocupando su lecho; o a Andrómaca, sobre quien Héctor dice que ojalá haya muerto antes de verla sirviendo a otro, sometida a otro. La muerte siempre es vista como un destino mejor. El poder de la fuerza –el ensayo de Weil lleva por título «L'*Iliade* ou le poème de la force»– es terrible. Petrifica, decía Weil, a quien la ejerce y a quien la sufre. Siempre quedará, al menos, la esperanza de que no petrifique a quien contemple el ejercicio de esa fuerza, de la violencia extrema[12].

---

12. Carrasco-Conde 2021: 12.

Durante la guerra del Peloponeso, los griegos vivieron los horrores de la larga contienda y vieron con qué facilidad las mujeres de un estado podían ser esclavizadas por los hombres de otro; es decir, cómo las griegas podían ser esclavizadas por otros griegos[13], lo que convertía este peligro en algo familiar, cercano, pensable. Se ha dicho que no es una coincidencia que Eurípides, a mediados de los años veinte de su siglo, comenzara a componer tragedias sobre el destino de las esclavas troyanas[14]. Mi intención es demostrar que esa consciencia de los desastres de la guerra es también aplicable a Esquilo. La familiaridad de este autor, no solo con los grandes horrores de la guerra, sino también con las miserias cotidianas a las que se enfrentaban los soldados, queda patente en versos como los pronunciados por el heraldo en *Agamenón*, cuando habla de las fatigas del ejército aqueo en Troya, desde la humedad del rocío que empapaba sus ropas a los piojos en sus cabellos[15]. Pero, además, no dejó de presentar de una manera bastante clara lo sufrido por las mujeres, tanto en guerras defensivas como en guerras en el propio territorio.

13. Los espartanos llevaron a cabo este tipo de guerra de devastación en Platea, en 427 a. C., y los atenienses en Escíone, en 423 a. C.
14. Scodel 2010: 59.
15. «Mas lo de la tierra incluso añadió más pesar, pues nuestros lechos estaban junto a las murallas de los enemigos, y desde el cielo el rocío y desde la tierra la humedad de los prados nos empapaban, ruina permanente de nuestras ropas, poniendo el pelo infectado de piojos». *Agamenón* 558-562 (trad. Enrique Ángel Ramos Jurado, Madrid: Alianza Editorial, 2017).

Pascal Payen afirma que existen dos peligros para quienes se enfrentan al estudio de la guerra en la Antigüedad: pasar en silencio sobre sus aspectos más terribles o convertirlos en una de las manifestaciones obligadas de la guerra. Colocados bajo la autoridad de la política, «estos acontecimientos se encuentran dotados, en efecto, de una racionalidad que debilita o anestesia su fuerza perturbadora [...], masacres programadas y muy a menudo explicadas a sus víctimas en función de la racionalidad política que se supone las justifica»[16]. El segundo de estos peligros es también uno de los temas abordados en el ensayo *Decir el mal*, de la filósofa Ana Carrasco-Conde, un estudio centrado precisamente en la posibilidad, incluso la necesidad, de identificar las dinámicas del mal, nombrarlas y, al tiempo, «desnormalizarlas». En un ensayo que tiene como una de sus imágenes la mano de Neoptólemo a punto de dejar caer desde las murallas de Troya al niño Astianacte, no extraña leer lo siguiente:

Lo peor del mal no es que se haga o se sufra, sino que no se identifique como tal porque se perciba como lo normal. [...] Lo padecido por Hécuba nos parece «normal» en su contexto de guerra. Se justifica incluso con la explicación de Odiseo: «no hay que dejar crecer al hijo de un hombre excelente» (*Troyanas*, v. 720), pero eso no quiere decir que no deba ser cuestionado, que no sea intolerable, que no

16. Payen 2012: 135.

deba decirse, que no haya modo de hacerlo, que no se haya producido un daño y una destrucción irreparables[17].

Esquilo, podemos decir, optó por contar el mal, por presentar ante los ojos del público lo que conocía de primera mano, la inhumanidad de la guerra, ofreciendo también la perspectiva de los vencidos y, en concreto, de las mujeres.

Volviendo al posible efecto de la escenificación de la violencia de la guerra en el público, ¿cuál sería el efecto en las mujeres en relación con el asunto concreto de la violencia ejercida sobre ellas en contextos bélicos? El debate sobre la asistencia o no de mujeres a las representaciones teatrales más importantes de la Hélade, las celebradas en Atenas durante las Grandes Dionisias, sigue vivo, pero, en cualquier caso, no hay que olvidar que había muchas otras representaciones en distintas fechas y lugares de Grecia a las que las mujeres podrían asistir, aparte de que circulaban copias escritas y algunos fragmentos se memorizaban[18]. Así lo explica también Edith Hall:

Cuando se considera el impacto que estas obras tuvieron en sus audiencias, es crucial recordar que las más populares y exitosas se representaron de nuevo, en lugares diferentes a Atenas, en fechas tan tempranas como el 460 a. C., y a finales del s. v a. C. cada vez con más frecuencia. Los espacios

17. Carrasco-Conde 2021: 121.
18. Scodel 2010: 52-54.

en los que se representaban incluían no solo pequeños teatros en algunos *demos*, sino ciudades tan alejadas como las de Sicilia, sur de Italia y Macedonia. Los estudiosos también han destacado la probable diversidad del público de las representaciones teatrales en los teatros de los *demos* y mucho más allá de las fronteras del Ática; en tales lugares resulta arriesgado hacer suposiciones sobre el sexo, el estatus o el origen étnico de los espectadores[19].

Por tanto, no está fuera de lugar preguntarse cuál sería el efecto que ciertas alusiones a los excesos de la guerra pudieran tener en las mujeres, siempre potenciales víctimas de los ejércitos vencedores. Además de la violencia sexual, hay otro asunto sobre el que sin duda reflexionarían, a saber: la conversión de todas ellas, en masa, en desplazadas:

La guerra, el trasfondo casi omnipresente de la tragedia, ya que era un hecho casi continuo de la vida ateniense, desplaza a numerosos grupos e individuos de sus propias comunidades, un desplazamiento temido por el coro de *Siete contra Tebas* de Esquilo, y sufrido de hecho por Casandra en su *Agamenón*, el coro de *Coéforas*, o por las mujeres troyanas en *Hécuba*, *Troyanas* y *Andrómaca* de Eurípides[20].

Y esta es una de las manifestaciones del mal, para decirlo con Ana Carrasco-Conde: «Toda acción que

19. Hall 2010: 20.
20. Hall 2010: 97.

arranque innecesariamente a un ser vivo de su comunidad de pertenencia y lo desvincule de los demás con el fin de destruirlo, que lo haga generando daño y dolor gratuito, que lo someta y lo humille, es mala»[21].

Las mujeres como botín de guerra son personajes recurrentes de la tragedia griega. Desplazadas de sus lugares de origen, de sus familias, que han sido aniquiladas en las guerras, y separadas también las unas de las otras, como lamentan las troyanas al saber que irán todas a la Hélade, pero no juntas, sino asignadas cada una a diferentes dueños entre los jefes aqueos.

Todos estos temas son parte central de las tragedias de Esquilo y, sin embargo, la historia de la literatura calla a este respecto. Así, por ejemplo, en las lecturas de *Siete contra Tebas* ha recibido mucha más atención cómo se concreta el enfrentamiento entre los dos hermanos, o la descripción de los escudos de atacantes y defensores de la ciudadela, que el coro, compuesto por un grupo de jóvenes tebanas que temen que la ciudad sea tomada y ellas caigan en manos de los atacantes[22]. De manera que aquí, aunque partamos del análisis filológico y literario de las tragedias de Esquilo, el objetivo será no perder de vista que fueron obra de un poeta que conoció de cerca

---

21. Carrasco-Conde 2021: 171.
22. Por poner un ejemplo entre mil, la *Historia de la literatura griega* editada por P. E. Easterling y Bernard M. W. Knox en la Universidad de Cambridge ofrece un resumen de esta obra de Esquilo sin mencionar siquiera al coro. Y en Alsina 2000: 294 se menciona al coro solo para contrastar su «inestabilidad psíquica» con el «fuerte dominio de sí mismo» de Eteocles.

las guerras y, por eso mismo, dejó en ellas reflejo abundante de su experiencia militar y de su mirada compasiva hacia las víctimas.

En cuanto a la metodología, cabe hacer alguna matización más. Para empezar, la función, la intención y el efecto de una tragedia son elementos que deben distinguirse. Se ha dicho ya en relación con la interpretación política de algunas tragedias: puede ser *efecto* de la tragedia que alguien en el público ponga en relación el argumento de la pieza con alguna situación contemporánea en Atenas, o a un personaje determinado con un político del momento, pero eso es muy diferente a decir que esa era la *intención* del poeta o, todavía más, la *función* de la tragedia[23]. La misma advertencia hay que hacer en relación con el posible efecto en el público de la reflexión y escenificación que Esquilo hace de la violencia en la guerra.

Sobre la recepción por parte del público ateniense, los estudios que ponen el foco en el efecto que la tragedia podría tener en un público de combatientes tienen mucho que aportar a la comprensión de este género. Es difícil, no sé si imposible, llegar a saber algo de este efecto, pero considero que es necesario plantearse la cuestión, imaginar el contexto en el que un público, conocedor de la violencia de la guerra, se enfrentaría a la escenificación de violencias ejercidas o sufridas.

También querría decir algo sobre las acusaciones de anacronía en la aplicación de algunas perspectivas actua-

23. Heath 2006.

les. Ya existe una anacronía en la tragedia en sí por el hecho de que el mito se contempla con la mirada del ciudadano. Pero, pasando al terreno de las interpretaciones, quizá una lectura «de género» (una, no la única, de las claves que empleo) pueda parecer anacrónica. Quisiera aclarar el modo en el que la aplico. Mi opinión es que, frente a lo que se defiende en muchísimas investigaciones de las últimas décadas, la tragedia no lleva a escena conflictos de «identidad de género». Para que un asunto se plantee como conflictivo tiene que sentirse como tal y sentirse la necesidad de plantearlo e, idealmente, resolverlo. No creo que eso sucediera en la Atenas del siglo V a. C. con la identidad de género. Otra cosa bien diferente es que en la Edad Moderna y Contemporánea la tragedia sí haya sido interpretada con una no confesada perspectiva de género «masculinista» y que, para desmontarla, sea necesaria una perspectiva de género. Son infinitos los ejemplos que se podrían aducir, como que en una reciente edición de un comentario de *Suplicantes* se elija como portada del libro una imagen de una Danaide cercenando la cabeza de un Egipcio, cuando el asunto de la tragedia de Esquilo es la violencia que las hijas de Dánao temen, justificadamente, de parte de los Egipcios, y no la que ellas ejercieron sobre sus acosadores según versiones del mito que nada tienen que ver con la obra de Esquilo. El objeto al que aplico la perspectiva de género no es tanto la obra dramática en sí, sino la tradición interpretativa de la misma, de sesgo, no explícita, pero evidentemente, «masculinista».

Finalmente, sobre la utilidad de la tragedia o de la poesía para hacer reflexiones filosóficas como las que se hacen en este ensayo, en torno a la condición humana, la violencia, el mal o las ideas de culpa y responsabilidad, bastaría recordar a Aristóteles y su afirmación de que la poesía es más filosófica que la historia. Estas palabras servirían para defender –si hiciera falta– que las grandes obras de la literatura –empezando por *Ilíada*, siguiendo por los trágicos– hayan sido empleadas por autores como Martha Nussbaum o David Konstan para explorar ámbitos que parecen, en principio, más próximos, según nuestra categorización actual, a la filosofía que a la literatura. Porque la poesía habla de lo general y la historia de lo particular, así seguía la afirmación de Aristóteles[24].

Esquilo, tragedia y política

Explicado el asunto de este libro, presento ahora muy brevemente a Esquilo como tragediógrafo, y diré también algunas palabras sobre el género trágico para quien

---

24. «La diferencia estriba en que uno narra lo que ha sucedido, y el otro, lo que podría suceder. De ahí que la poesía sea más filosófica y elevada que la historia, pues la poesía narra más bien lo general, mientras que la historia, lo particular. Entiendo por general aquello que dice o hace normalmente una persona, en virtud de lo verosímil o lo necesario, y a eso aspira la poesía, aunque al final dé nombres a sus personajes; y por particular, qué hizo o qué le pasó a Alcibíades». Aristóteles, *Poética*, VIII (trad. cast.: Alicia Villar Lecumberri, Madrid: Alianza Editorial, 2013).

no esté familiarizado con las obras y su contexto. Sin entrar en cuestiones como la definición de tragedia, en las que la literatura ya ha abundado, diré únicamente que lo que me interesa de este género literario, marcado por una deliberada ambigüedad moral, es su manera de presentar el conflicto, un conflicto relevante. Mediante el empleo de un mito –o, excepcionalmente, de un episodio histórico mitificado–, se ponen en escena dos posturas enfrentadas, dos perspectivas que no necesariamente llegan a armonizarse. Lo esencial es el propio conflicto y el coraje para asumirlo, aunque el protagonista, en no pocas ocasiones, se sepa «perdedor» desde un principio. Las causas de la derrota, de la destrucción, cuando esta se da, no se deben a un error entendido en términos morales, ni siquiera se deben siempre a un error, sino que se explican por la propia condición humana, que está caracterizada por unos límites que atañen al conocimiento y al tiempo. Nada de esto ha cambiado desde los tiempos de Esquilo hasta los nuestros.

Esquilo nació alrededor del año 525 a. C. en Eleusis, a veinte kilómetros de Atenas, y murió en el 456 a. C. en Gela, Sicilia. De las más de ochenta tragedias que se dice que compuso conservamos solo siete: *Persas* (472 a. C.), *Siete contra Tebas* (467 a. C.), *Suplicantes* (*ca.* 463 a. C.), *Agamenón*, *Coéforas* y *Euménides*, que componen la *Orestía* (458 a. C.) y *Prometeo encadenado* (sin fecha cierta y de autoría discutida).

El primero de los grandes trágicos vivió los últimos años de la tiranía de los Pisistrátidas y asistió al nacimiento de la democracia en Atenas (véase el apéndice cronológico). Las guerras contra los persas debieron de ser el acontecimiento principal de la primera mitad de su vida. En el año 490 a. C. participó junto con su hermano, según cuenta Heródoto (6.114), en la batalla de Maratón y en el 480 a. C. en la de Salamina. Todas las tragedias que conservamos de él son posteriores a esas fechas.

Esquilo compuso sus obras con el objetivo de ser representadas en concursos trágicos, festivales que se desarrollaban en medio de unas fiestas dedicadas a Dioniso: las Grandes Dionisias, o Dionisias Urbanas, celebradas en primavera, entre marzo y abril, y que fueron instituidas por Pisístrato, el tirano que protagonizó políticamente gran parte del siglo VI a. C. en Atenas. Las Grandes Dionisias comenzaron a celebrarse en la segunda mitad de ese siglo y los concursos trágicos se celebraron por primera vez en torno al 534 a. C. como parte del programa festivo. Independientemente de su debatido origen, la tragedia es para nosotros un género literario inseparable de Atenas y que alcanzó su esplendor en el siglo V a. C., en la Atenas democrática.

Los *agónes* o competiciones dramáticas se celebraban en el teatro de Dioniso, en la ladera meridional de la acrópolis. Cuando Esquilo nació, muy posiblemente las representaciones teatrales atenienses todavía tenían lugar en el ágora. El santuario dedicado a Dioniso en la acrópolis se había construido a mediados del siglo VI a. C. y ahí se estableció, en algún momento posterior, un teatro. También es probable que el comienzo de la carrera teatral de Esquilo coincidiera con la construcción de este nuevo espacio escénico y con el traslado ahí de las representaciones que tenían lugar en las fiestas en honor del dios.

Esquilo estuvo muy vinculado al origen de la tragedia, pero no fue su creador. Se habla de un tal Tespis como su «inventor», ya que fue él quien separó a un actor del coro haciendo que uno y otro se enfrentaran, algo indispensable para que hubiera acción dramática. Pero para que se diera ese enfrentamiento tan característico de la tragedia griega entre diferentes líneas culturales o ideológicas se necesitaba un segundo actor, y su «invención» se atribuye a Esquilo. El tercer actor fue introducido, bien por el propio Esquilo, bien por Sófocles.

Estado actual del teatro de Dioniso, al pie de la acrópolis de Atenas.

Cada año competían tres trágicos, que debían presentar a concurso tres tragedias –que podían, o no, ser de tema relacionado, formando una trilogía en sentido estricto– y un drama de sátiros, de tono cómico. El carácter religioso de estas celebraciones es evidente desde el momento en el que formaban parte de las Grandes Dionisias, fiestas en honor de Dioniso, dentro de las cuales se dedicaban tres días completos a las representaciones teatrales. Pero toda la comunidad, toda la polis, estaba implicada de una manera que trascendía lo religioso. El arconte epónimo, uno de los cargos más importantes en el gobierno de la ciudad, era el encargado de organizar y dirigir las Grandes Dionisias y de proporcionar a cada uno de los dramaturgos elegidos el apoyo económico y material necesario para equipar a actores y coro y llevar adelante los ensayos. Lo que el arconte hacía era buscar entre los ciudadanos a aquellos suficientemente acaudalados y dispuestos a ganarse el reconocimiento y la gratitud del pueblo asumiendo la «coregía», es decir, el pago de los gastos del coro, la música, las máscaras y la vestimenta. En algunos casos, como el de la obra *Persas*, la tragedia más antigua conservada, conocemos el nombre del «corego», es decir, aquel en el que recayó la «coregía», que fue nada menos que Pericles. La polis, por su parte, se hacía cargo del *theōrikón*, una compensación de dos óbolos al día para los ciudadanos de condición más modesta por las horas de trabajo perdidas para ir al teatro. El estado pagaba también a los actores, aunque evidentemente el gasto del corego era mucho mayor, ya que el número de miembros del coro osciló entre los doce y los quince[25]. Un último detalle sobre la importancia de la tragedia para los ciudadanos de la polis: en el 411 a. C., el breve gobierno oligárquico que se estableció en Atenas trató de reducir el cuerpo de ciudadanos a unos 5000, ya que, según ellos, no tenía sentido conceder derechos ciudadanos a todos los varones adultos libres cuando, en realidad, solo unos 5000 asistían a las reuniones de la asamblea; pues bien, frente a este pequeño número de asistentes, por esas mismas fechas, si hemos de creer a Platón, acudían al teatro en las Grandes Dionisias unos 30 000. Es cierto que a las representaciones asistían no solo los ciudadanos, pero la diferencia numérica es igualmente significativa y explica que figuras políticas, como el propio Critias (oligarca, tío de Platón), escribieran tragedias[26].

El espectáculo teatral incluía música, poesía, canto, baile, escenografía. Debemos de ser conscientes de lo poco que conservamos de esas representaciones: solo unos textos, sin indicaciones escénicas, y que fueron fiados a la escritura mucho tiempo después de que sus autores los compusieran. Todas estas pérdidas, unidas a la función genuinamente política del teatro en época de Esquilo, en el sentido de imbricación absoluta de la ciudad en el espectáculo teatral, tan alejado de la experiencia contempo-

25. La obra de referencia sobre la organización de los festivales dramáticos en el Ática es Pickard-Cambridge 1968.
26. Canfora 2011: 91.

ránea, constituyen una barrera prácticamente impenetrable para acceder al sentido de las escasas obras conservadas. Y sin embargo, lo poco que tenemos es mucho, y las tragedias de Esquilo, que venció en estos certámenes con casi todas sus obras conservadas, merecen el esfuerzo de tratar, al menos, de saltar los obstáculos.

Como un único ejemplo de todo lo que hemos perdido, pero que podemos tratar de recuperar, aunque solo sea en parte y con paciencia, recuerdo aquí que junto con las tragedias de Esquilo algunos manuscritos nos han trasmitido también una *Vita* del autor. En ella, cuando se señalan las características de sus dramas, aquello que hizo que destacara frente a sus antecesores y contemporáneos, se dice, entre otras cosas, que «de los efectos visuales y de los argumentos se sirve más para provocar un miedo extraordinario que para provocar engaño»[27]. He traducido como «miedo extraordinario» el sustantivo *ékplēxis* (ἔκπληξις), que, derivado del verbo *plḗssō* (πλήσσω), «golpear», se refiere a un tipo particular de miedo, de terror paralizante, frente a *phóbos* (φόβος), que remite etimológicamente a la idea de salir huyendo, ser ahuyentado, que es lo que significa el verbo *phébomai* (φέβομαι). En su forma verbal vuelve a aparecer en esta *Vita* cuando se habla del impacto que tuvo en el público la representación de la última pieza de la *Orestía*: «Algunos dicen que en la representación de *Euménides* el Coro, al entrar en

---

27. πρὸς ἔκπληξιν τερατώδη μᾶλλον ἢ πρὸς ἀπάτην.

desorden, de tal manera sobrecogió (*ekplêxai*) a la gente, que los niños pequeños se desmayaron y las mujeres embarazadas sufrieron abortos». Para acabar, este anónimo autor de una vida de Esquilo afirma: «Esquilo fue el primero que engrandeció la tragedia con sufrimientos muy nobles y embelleció la escena y dejó atónita la mirada de los espectadores por la brillantez, los decorados, los recursos escénicos, los altares y tumbas, las trompetas, los fantasmas y las Erinias»[28]. Todo esto nos perdemos cuando leemos a Esquilo, pero, saber que, de alguna manera, ahí sigue, es lo que continúa fascinándonos y moviéndonos a seguir dialogando con sus textos y leerlos y escucharlos con la mayor atención posible[29].

La estructura que encontramos en las tragedias conservadas es la siguiente, que recojo aquí con la nomenclatura pertinente porque en ocasiones, al comentar determinados pasajes, haré uso de estos términos:

Prólogo. Es la presentación, antes de la entrada del coro, del asunto del que tratará el drama. No todas las obras conservadas tienen prólogo.

Párodos. Es el primer canto coral, el canto de entrada del coro en la *orchéstra*, espacio circular en el que se desenvolvía y danzaba el coro.

---

28. τὴν ὄψιν τῶν θεωμένων κατέπληξε τῇ λαμπρότητι, γραφαῖς καὶ μηχαναῖς, βωμοῖς τε καὶ τάφοις, σάλπιγξιν, εἰδώλοις, Ἐρινύσι.
29. Sobre el terror en Esquilo, sobre la técnica empleada por este autor para crear suspense y expectación en sus tragedias, he escrito en González González 2026.

Episodio. Los diferentes episodios son las secciones de la obra en las que los actores dialogan entre ellos, o con el coro, o con el corifeo. Suelen ser entre cuatro y seis y están separados por los estásimos.

Estásimo (*stásimon*, plural: *stásima*). Sección del drama en la que el coro canta y baila. La alternancia de episodios y *stásima* constituye la estructura básica de la tragedia.

Éxodo. Último canto del coro con el que este abandona la escena.

Esta estructura, que no siempre se mantiene rígidamente, debió de ser resultado de un largo proceso evolutivo. Los actores y el coro se cubrían los rostros con máscaras que servían para señalar la edad y el sexo del personaje representado (todos los actores eran varones), y ayudaban también a identificar si se trataba de un rey, un heraldo, un adivino... El coro se movía en un espacio circular denominado *orchestra* frente al cual se desplegaba, en forma de hemiciclo construido sobre una ladera, el lugar donde el público se sentaba. En nuestra mente está siempre el teatro de Dioniso en la acrópolis ateniense, pero cada pequeño *demo* tenía el suyo, lo que hace del teatro el elemento arquitectónico emblemático de la civilización griega. Y si aquí he hablado solo de las Grandes Dionisias por ser las fiestas más importantes que acogían representaciones teatrales y por haber sido representadas en ellas las obras que conservamos de Esquilo, hay que recordar que existían más festividades religiosas en las que también se celebraban competiciones trágicas y cómicas: las Dionisias Rurales, las Leneas y las Antesterias.

Ánfora de figuras rojas con Áyax, Casandra y la estatua de Atenea, *ca.* 450 a. C. Metropolitan Museum of Art, Nueva York.

1. Nosotros y los otros: identidad y orientalismo

Persas es la tragedia más antigua entre las conservadas de Esquilo. Su tema, histórico, desarrolla la emblemática batalla de Salamina, durante la segunda guerra médica, en la que sabemos que el propio autor combatió contra los persas. Esta circunstancia ha tenido una consecuencia desfavorable: junto con las *Historias* de Heródoto, *Persas* ha sido vista como la obra en la que tiene origen la construcción ideológica del orientalismo.

El concepto de «orientalismo», de plena vigencia, tiene gran valor como clave interpretativa en la elaboración por parte de Occidente de la polaridad con Oriente, con una clara perspectiva de superioridad y justificación de la dominación colonial. Sin embargo, en este capítulo trataremos de mostrar que las raíces de esa construcción tan dañina históricamente no están en Esquilo, pues el tragediógrafo, del que tantas veces se ha recordado la frase de que componía sus obras a partir de las migajas del festín homérico, se sitúa también en *Persas* en la estela de la *Ilíada*, suscitando la compasión hacia los vencidos y no la vanagloria por la victoria. Conviene recordar aquí que, si Aristóteles hablaba de cómo la tragedia se servía de la compasión (*éleos*) y el miedo (*phóbos*), la primera es la emoción dominante en este género[1].

Pero, aun descartando que encontremos en *Persas* orientalismo en el sentido en el que actualmente entendemos el término, sí podemos servirnos de esta obra y de *Suplicantes* para reflexionar sobre este concepto y su construcción histórica. Además, veremos, en la única pieza conservada de la trilogía tebana de Esquilo, *Siete contra Tebas*, otra construcción ideológica que interviene en la formación de las ideas de identidad y alteridad: el mito de «autoctonía», es decir, la defensa por parte de los habitantes de un territorio del derecho legítimo a la posesión de la tierra basándose en la afirmación de que sus primeros habitantes, en los orígenes míticos, nacieron efectivamente de ella.

La batalla de Salamina: historicidad en Esquilo

Persas es la única tragedia esquilea que ha llegado hasta nosotros cuyo tema es histórico y no mítico, si bien la victoria griega sobre el enemigo oriental en Salamina es

1. Stanford 1983: 23. Este autor traduce *éleos* como «compassionate grief».

rememorada como una hazaña con tintes épicos y legendarios. Se representó en el 472 a. C. como parte de una trilogía no encadenada –es decir, una trilogía formada por tres piezas de argumento independiente–, con Pericles como corego, y le valió a Esquilo la victoria[2].

El escenario de *Persas* se sitúa en la corte de Susa, ante el palacio y junto a la tumba del rey Darío, padre de Jerjes. El coro lo forman ancianos que, por su edad, no han podido acompañar a Jerjes en su expedición militar contra los griegos y, por su fidelidad, han sido elegidos para custodiar la corte en ausencia del rey, cuyo regreso esperan ansiosos. Una figura importante en la pieza es la reina, viuda de Darío y madre de Jerjes, que no es mencionada por su nombre en toda la tragedia, pero que por otras fuentes sabemos que se llamaba Atosa. Tanto el coro como la reina expresan, al comienzo de la pieza, un miedo «indecible», una gran desazón. La reina no sabe qué nombre darle a esa inquietud: es un μέριμν' ἄφραστος («desvelo indecible») que se ha instalado en su mente (ἐν φρεσὶν)[3]. La llegada del mensajero confirmará todos estos miedos que el coro y la reina sienten sin saber explicar las razones concretas que los motivan. Es interesante fijarse en cómo presenta los hechos Esquilo, ya que, en esta primera pieza, en *Persas*, tenemos ya un claro ejemplo de su técnica teatral, basada en una adqui-

2. La trilogía (tetralogía si tenemos en cuenta también el drama de sátiros *Prometeo encendedor del fuego*) la componían *Fineo, Persas* y *Glauco Potnieo*.
3. A. *Pers*. 165.

sición paulatina del conocimiento, no en el recurso a la sorpresa y al cambio brusco en la situación de los personajes. Así, se ha señalado el contraste tan claro entre el relato de Heródoto (8.99), según el cual la ciudad de Susa estaba de celebraciones por la toma y saqueo de Atenas cuando, inesperadamente, llegaron las noticias del desastre de Salamina, y *Persas*, donde los detalles de la derrota se van conociendo a través de un largo camino, de un *iter* gnoseológico. No hay sorpresa: cuando llega el mensajero y relata lo sucedido en Salamina, el coro y la reina Atosa ya llevaban tiempo sintiendo ese miedo *indecible*[4].

Además de esto, uno de los episodios centrales de la obra era la invocación del fantasma de Darío, padre de Jerjes, uno de los primeros ejemplos en la literatura occidental de este tipo de invocaciones y apariciones de difuntos. El viejo rey es invocado por Atosa y su aparición en la escena debió de provocar una gran impresión en el público.

Por lo demás, como veremos, *Persas*, lejos de ser un canto de victoria por el éxito ateniense en Salamina, es un largo treno, o lamento fúnebre, por los jóvenes persas muertos en esa batalla.

La pieza ha cargado durante mucho tiempo con la inmerecida fama de ser una obra primitiva, sin apenas acción; quizá, se decía, explicable todo ello por tratarse de

---

4. Sobre el recurso al «miedo anticipatorio» en Esquilo, véase González González 2026, siguiendo a Paduano 1978.

una obra antigua. Sin embargo, como el resto de la obra conservada de Esquilo, pertenece al último tercio de su carrera dramática, de manera que la compuso cuando tenía algo más de cincuenta años. Ver en ella falta de acción depende también de nuestras propias expectativas y, sobre todo, de la perspectiva que adoptemos al leerla, pero lo cierto es que el lenguaje de Esquilo y la escenografía de esta pieza debieron de ser una verdadera fiesta para los sentidos. Pensemos que en el escenario, situado en la ciudad de Susa, estaría representada la tumba de Darío[5]; al menos así se dice expresamente en el argumento de la pieza: «la escena del drama se desarrolla junto a la tumba de Darío». De la lectura de la obra parece deducirse, a primera vista, que hay dos escenarios: uno, el lugar en el que el coro de ancianos se reúne para deliberar, acomodándose en los escalones de un «antiguo edificio»[6]; otro, la tumba de Darío, donde tiene lugar la famosa escena de necromancia protagonizada por la reina y su difunto esposo. Sin embargo, bien podría ser que el «antiguo edificio» fuera la propia tumba del rey, lo que resolvería un problema persistente en la crítica de esta pieza. Es cierto que la tumba de Darío no estaba en Susa, sino cerca de Persépolis, pero, como veremos más adelante, no estamos ante una obra histórica y el poeta puede permitirse ciertas licencias. Es más, es bastante improbable que Esquilo tuviera conocimiento de cómo era la tumba de este rey,

---

5. Como ha defendido persuasivamente, con abundancia de datos textuales y arqueológicos, Librán Moreno 2024.
6. A. *Pers*. 140-141.

mientras que la de Ciro II, de la que sí pudo tener noticia y que se conserva bastante bien todavía en la actualidad, se corresponde con las indicaciones que aparecen en *Persas*: un edificio techado y con escalones, adecuado por tanto para la reunión de los ancianos. El exótico escenario, la llegada de la reina en su carruaje, la aparición del fantasma de Darío y un relato plagado de evocaciones al mundo persa, que Esquilo conocía muy bien, junto con los duros lamentos por la muerte de tantos jóvenes valientes –que se expresan en términos muy familiares y conocidos por el público–, son razones más que suficientes para entender que la obra resultara premiada.

La tragedia aborda un acontecimiento histórico cercano al momento del estreno. Se habían sucedido operaciones militares de Atenas contra los persas al menos desde el 498 a. C., cuando se envió ayuda a Mileto, ciudad que fue final y terriblemente subyugada en el 494 a. C. Muy poco después, en el año 490 a. C., tuvo lugar la batalla de Maratón en la que, con toda probabilidad, combatieron Esquilo y uno de sus hermanos[7]. El tragediógrafo tendría unos treinta y cinco años en aquel momento. Como relata Edith Hall, la década siguiente se vivió bajo la amenaza continua de un segundo ataque y, durante esos años

Esquilo fue testigo del derrumbe de la defensa helena en Beocia, de la terrorífica marcha de Jerjes sobre Atenas, de la evacuación de la población de la ciudad, del consiguiente

7. Hdt. 6.114.

saqueo de la misma y de las victorias finales de los griegos en Salamina, Platea y Mícale. Esquilo había vivido, pues, entre las ruinas de su ciudad terriblemente devastada[8].

La cita condensa la intensidad de los tiempos en los que *Persas* se enmarca: tanto Esquilo como su público sabían muy bien de qué se hablaba cuando se hablaba de la guerra.

El asunto que se lleva a escena es, pues, el hecho histórico de la victoria griega en Salamina, lo cual parece haber sido poco habitual en el escenario ático. Antes que Esquilo, Frínico ya se había aventurado a hacer algo parecido, aunque con poca fortuna: su obra *La toma de Mileto* (493 a. C.), que escenificaba la toma y saqueo de esta ciudad jonia por los persas, había hecho estallar en lágrimas al público hasta el punto de que el poeta fue multado con mil dracmas y se prohibió cualquier futura representación de la pieza[9]. Su siguiente drama histórico, *Fenicias* (*ca*. 476 a. C.), corrió mejor suerte: en él se escenificaba el dolor de las mujeres fenicias por la pérdida de sus hijos y esposos, soldados que habían acompañado a los persas en Salamina. Es interesante recordar que, en la *hypóthesis*[10] de *Persas*, se menciona *Fenicias* de Frínico como posible fuente de inspiración.

8. Hall 1996: 4.
9. Hdt. 6.21.2.
10. La *hypóthesis* es un resumen del argumento de la pieza, una especie de «Introducción» elaborada por estudiosos de época antigua y transmitida junto a la obra en algunos manuscritos. La información contenida en una *hypóthesis* era de extensión variable y podía incluir datos sobre la producción de la obra, sobre su trasfondo mítico o sobre su valor literario.

Se ha escrito mucho sobre la importancia de *Persas* como documento histórico y político. Al fin y al cabo, fue representada solo ocho años después de la batalla de Salamina, y el hecho de que Esquilo tuviera conocimiento de primera mano de lo ocurrido hace que su testimonio sea tenido en cuenta a veces en pie de igualdad con el de Heródoto. Sin embargo, no hay que olvidar que Esquilo era poeta, no historiador, y evidentemente mitifica e idealiza los hechos. En ocasiones, incluso, se aparta de manera clara y deliberada de la verdad histórica, como cuando Darío censura acciones que atribuye a su hijo, pero que en realidad son obra suya. Así, por ejemplo, pregunta asombrado cómo un ejército persa pudo cruzar el mar y si Jerjes logró cerrar el Bósforo, cuando fueron sus tropas las que unieron el Bósforo en su expedición a Escitia, según atestigua Heródoto en numerosos pasajes. Del mismo modo, Darío atribuye impiedad a su hijo por saquear e incendiar los templos griegos, pero una vez más Heródoto confirma que había sido Darío el primero en destruir las ciudades y templos de la Jonia[11].

En el extremo opuesto, se ha acusado a Esquilo de ofrecer una descripción poco fundada del ambiente y los personajes de la tragedia. Sin embargo, ese «colorido persa» es en realidad prueba del buen conocimiento

---

11. Hdt. 6.32. 7-8, vid. Morenilla Talens 2022. Vid. Paduano 1978: 85-103, donde se desarrolla la idea de que, para presentar el conflicto en *Persas* como una «tragedia familiar», que enfrenta al padre y al hijo, a Darío y Jerjes, Esquilo tuvo que forzar los datos históricos.

que Esquilo tenía sobre Persia y su imperio: la imagen del fantasma de Darío, con su tiara y sus zapatillas color azafrán, se corresponde con los testimonios iconográficos de vasos griegos y monumentos persas contemporáneos, así como con descripciones literarias del atuendo persa. Nos movemos por tanto entre dos extremos que hay que evitar: *Persas* no es un documento histórico, por más que su autor hubiera sido testigo directo de los hechos, pero tampoco es una «fantasía oriental», ya que el conocimiento que Esquilo tenía de la historia y costumbres persas está perfectamente documentado. Lo veremos con más detalle en el apartado siguiente.

El orientalismo en disputa

La batalla de Salamina y, en general, las guerras médicas ocupan un lugar clave en el discurso sobre la formación de Occidente. Durante décadas, los prólogos y comentarios a Heródoto, el gran historiador de estas guerras, repetían que en aquel momento se había jugado el destino de Occidente y «nosotros» habíamos ganado: la libertad individual se había impuesto a un modo de vida servil; la Grecia de la razón y la valentía había triunfado sobre el enemigo afeminado y corrompido por el lujo, sometido a un poder absoluto. Tan extendida ha estado esta idea que en 1859 John Stuart Mill llegó a afirmar que la batalla de Maratón, «como acontecimiento de la historia inglesa», había sido más importante que la batalla de Hastings[12], pues si en aquella remota fecha el resultado del enfrentamiento hubiese sido diferente y los griegos no hubiesen vencido, britanos y sajones vagarían quizá todavía por las selvas[13].

El término «orientalismo» ya existía antes de que el crítico palestino Edward Said lo empleara como título para su ensayo sobre la construcción occidental del «otro». Precisamente, lo que con tanto éxito hizo Said fue demostrar en qué consistía el «orientalismo», cómo la tradición académica de Occidente, con una perspectiva imperialista, había presentado de manera continua y sistemática a los pueblos y culturas de la parte oriental del mundo como inferiores. Puede haber pocas dudas sobre la verdad de este hecho.

Que estamos ante construcciones culturales y, por tanto, cambiantes y subjetivas, es algo evidente y se puede ejemplificar con un pequeño y simpático ejemplo. Lloyd Llewellyn-Jones, reconocido experto en la historia de Persia, ha dedicado un estudio reciente a esta civilización empleando fuentes persas en lugar de griegas, que son las más conocidas y utilizadas por los historiadores[14]. En un momento determinado afirma que «los pantalones estaban destinados a conquistar el mundo», e introduce entonces la historia de cómo los nómadas

---

12. La batalla de Hastings tuvo lugar el 14 de octubre del 1066 y en ella los normandos, con Guillermo el Conquistador al frente, vencieron al ejército anglosajón.
13. Recogido en Settis 2004: 13.
14. Llewellyn-Jones 2024.

iranios, como los persas y los medos, fueron quienes introdujeron los pantalones en el mundo. Antes de ellos, afirma, ninguna sociedad al oeste de los montes Zagros se había cubierto las piernas. No lo habían hecho los griegos, por supuesto, y Llewellyn-Jones recuerda un pasaje de Heródoto en el que este habla del «trauma» (exagerando un poco) que les supuso a los atenienses contemplar esta vestimenta por primera vez cuando se vieron frente a frente en combate con un enemigo así ataviado. Los persas, en cambio, aparte de disfrutar de la evidente comodidad que esta prenda les proporcionaba, la consideraban también un distintivo de cultura sofisticada que señalaba claramente, además, su vocación ecuestre. Montar a caballo con cualquier cosa que no se pareciera a unos pantalones sería bastante incómodo y doloroso. Y los pantalones conquistaron el mundo, desde luego que sí, hasta el punto de que llevarlos constituye el primer paso para alcanzar una cierta respetabilidad y, curiosamente, caracterizan hoy en día al occidental frente al oriental[15].

Anécdotas aparte, es evidente, pues, que la tesis de Said sobre el mecanismo ideológico del «orientalismo»

15. Menos gracia tienen algunas manifestaciones prácticas de este mecanismo, como hemos podido ver recientemente en el cambio de actitud de la prensa y los políticos occidentales ante la figura de Ahmed al Shara, antes Abu Mohamed Al- Golani, presidente de facto de Siria y líder de la plataforma salafista Hayat Tahrir al-Sham (HTS), al que le ha bastado recortarse un poco la barba y ponerse pantalones largos para pasar de ser un terrorista con precio puesto a su cabeza a un interlocutor perfectamente válido.

es válida, aunque sea bastante dudoso que Esquilo fuera quien puso la primera piedra en esta construcción, como veremos.

Es cierto que en los estudios que han adoptado una perspectiva orientalista en el ámbito de la Antigüedad clásica, *Persas* ha ocupado un lugar de honor debido sobre todo al éxito que tuvieron las tesis de Edith Hall en su conocida obra *Inventing the Barbarian: Greek Self-Definition through Tragedy*, publicada en 1989. El propio Edward Said ya había afirmado muy poco antes en *Orientalismo* que en Esquilo «Asia habla a través de la imaginación de Europa y gracias a ella; una Europa que, según se la describe, ha vencido a ese "otro" mundo hostil de más allá de los mares que es Asia»[16].

Sin embargo, estudios más recientes y detallados sobre el nacimiento de la percepción de la etnicidad en la Grecia antigua demuestran que la polaridad entre Occidente y Oriente, o entre pueblos amantes de la libertad y pueblos serviles, no se encuentra en Heródoto ni en ningún autor del siglo v a. C., al menos en su primera mitad[17], cuando el «bárbaro» no era todavía visto como

16. Said 1978: 56.
17. Isaac 2004: 269. Aunque en Heródoto (8.144.2-3) se lea que los griegos comparten una misma sangre, una lengua común, santuarios, sacrificios y costumbres comunes, hay que recordar que el autor no es contemporáneo a los hechos que describe, sino que más bien se sitúa a inicios de la guerra del Peloponeso. Vid. Konstan 2011, que defiende el papel que las guerras médicas tuvieron en la conformación de una identidad helena frente a los bárbaros, pero no ve la consolidación de este discurso hasta la segunda mitad del siglo v a. C.

un inferior[18]. Benjamin Isaac o Erich Gruen[19] han desarrollado la tesis de que a mediados del siglo v a. C. estaba todavía enteramente ausente en los autores griegos la idea de una superioridad cultural y política frente al bárbaro. Así, en Heródoto podemos leer que los persas honraban, más que ningún otro pueblo, a los que se habían mostrado valerosos en combate (7.238), y se les describe como bravos en la lucha (8.86; 9.71); dice que nada odiaban más que la mentira (1.138); y alaba también la *megalophrosýne*, es decir, la grandeza de sentimientos de Jerjes (7.136). Los atenienses, pues, tenían claro que debían combatir contra un poderoso enemigo, y el miedo a ser subyugados y esclavizados debió de ser sin duda enorme, pero no hubiera sido menor frente a otro enemigo occidental, incluso griego, y no luchaban por una libertad individual, sino colectiva.

La idea de que Esquilo ofrece en *Persas* un primerísimo ejemplo de orientalismo no solo está siendo cuestionada recientemente, sino que ya había sido descartada por Helen H. Bacon, de manera muy documentada, en su monografía *Barbarians in Greek Tragedy* (1961). Según esta autora, el empleo que hace Esquilo de detalles extraños a los griegos (costumbres, expresiones, vestimenta, etc.) es lo opuesto a la orientalización, ya que esta consiste en introducir motivos «orientales» independientemente del asunto y con una finalidad decora-

18. Konstan 1987.
19. Isaac 2004, Gruen 2011.

tiva, mientras que en Esquilo estos detalles son demandados por el contexto y resultan parte esencial de la historia, además de no tener como objeto, en absoluto, poner de relieve la superioridad helena[20].

Son numerosos los ejemplos que podrían ofrecerse del conocimiento que Esquilo tenía de las costumbres e instituciones persas. Como ha sido bien estudiado por la propia Helen H. Bacon y, más recientemente, por Míriam Librán Moreno[21], la imagen de Darío en *Persas* tiene mucho en común con la propia imagen que el rey quiso transmitir de sí mismo en las inscripciones de Behistún y Naqš-i Rustam. La primera de ellas se grabó en piedra entre 531 y 519 a. C., en una montaña de los montes Zagros, y registraba las hazañas de Darío en tres lenguas distintas (antiguo persa, elamita y babilonio). Copias de esta circularon por todo el imperio. Naqš-i Rustam es la necrópolis en la que están enterrados tanto Darío I como su hijo Jerjes I, los soberanos que aparecen en *Persas*. De nuevo aquí, en la fachada de la tumba de Darío I, hay una inscripción con las hazañas del rey. Este tipo de propaganda posiblemente llegaría a oídos de Esquilo y, así, el modo en el que es denominado Darío en la tragedia –como «rey de reyes» (*despótēs despotân*) o «Gran rey» (*basileùs mégas*)– se corresponde con los títulos reales que aparecen en esas inscripciones. Por otra parte, los términos con los que Esquilo se refiere a los je-

20. Bacon 1961: 15-63.
21. Librán Moreno 2024.

fes del ejército –«jefe de mil hombres» (*chilíarchos*) o «jefe de diez mil hombres» (*myrióntarchos* y *myriotagós*)– son también traducciones literales de denominaciones persas. En cuanto a los nombres de los soldados persas, un total de cuarenta y nueve, al menos diez de ellos son genuinamente persas, mientras que otros únicamente «suenan» como si lo fueran.

Orientalismo y feminización del enemigo

Dentro de este gran debate en torno a la construcción etnográfica del «otro oriental» hay un asunto específico que es el papel que juega la «feminización» del enemigo y su caracterización como amante del lujo y proclive a la servidumbre. *Persas* ha estado de nuevo en el centro de esta discusión, que aquí traspasa los muros del ámbito académico (Edith Hall vuelve a ser una referencia inexcusable)[22], para adentrarse de lleno en manifestaciones de la cultura popular, como las recientes películas *300* (Zack Snyder, 2006) y *300: El origen de un imperio* (Noam Murro, 2014), inspiradas parcialmente a su vez en novelas gráficas. En ellas, la feminización de los persas llega al punto de presentar a Jerjes como una *drag queen*. Sin embargo, Esquilo también se aparta de la norma en este caso, o, mejor, deberíamos pensar que todavía en su época no existía tal norma. Podemos ilustrar

22. Hall 1989, 1995, 1996, 2006.

esto con un ejemplo: cuando en la *hypóthesis* de *Persas* se menciona *Fenicias*, de Frínico, como posible fuente de inspiración, se dice que en esa tragedia un eunuco narraba la derrota de Jerjes y era este personaje el primero en aparecer en el escenario colocando cojines sobre los asientos que debían ocupar los consejeros persas. Los eunucos fascinaban a los griegos por encarnar la feminización y la crueldad que atribuían a su enemigo histórico y, sin embargo, Esquilo desaprovechó la ocasión que le ofrecía el argumento de su obra y no mencionó a ningún eunuco en la corte de *Persas*.

El treno final, el lamento que cierra la obra, también ha sido considerado desde una perspectiva orientalista como uno de los ejemplos más claros de afeminamiento oriental. Edith Hall afirma que estaríamos ante una representación de hombres bárbaros dejándose llevar en el lamento más allá de lo que se lo permitirían siquiera las mujeres en la Atenas del siglo v a. C., y de la misma opinión parece ser Alan Sommerstein, quien piensa que sería muy significativo para los griegos, que consideraban el lamento colectivo «territorio de las mujeres», que este treno lo encabezara el propio Jerjes[23].

Sin embargo, que el «orientalismo» es algo mucho más complejo podemos verlo con un ejemplo que puede parecer, en principio, muy alejado del tema que estamos tratando, pero que no lo está tanto. Lo encontramos en Virginia Woolf, gran conocedora de los clásicos, que

23. Sommerstein 2010: 61.

1. Nosotros y los otros: identidad y orientalismo

probablemente tuviera en mente *Persas* cuando escribió lo siguiente en su ensayo autobiográfico *Moments of Being*, mientras rememora la muerte de su madre y los desmedidos lamentos de su padre, con alusiones explícitas al «Oriental gloom» (melancolía oriental), la «genuine tragedy» (tragedia genuina) y la «Eastern drapery» (cortinas orientales) que demuestran lo asentada que estaba entonces como ahora la idea que asocia lo excesivo, también en el lamento, con Oriente:

> Su muerte (*sc.*, la de la madre de Virginia), el 5 de mayo de 1895, inició un período de melancolía oriental, porque seguramente había algo en las habitaciones oscurecidas, los gemidos, los lamentos apasionados que sobrepasaban los límites normales de la tristeza, y se cernían sobre una tragedia genuina con pliegues de cortinas orientales...

Virginia Woolf asocia el lamento excesivo al mundo oriental, pero no lo hace feminizando a su sujeto, en este caso su padre, el eminente victoriano Leonard Woolf. Es evidente que la feminización del otro, del enemigo, es una especie de universal, también cuando se trata del «otro oriental», pero no se trata de un procedimiento tan simple y automático, y lo que interesa en relación con *Persas* es señalar que resulta muy forzado hacer de esta obra el primer documento en la larga historia del orientalismo. Incluso admitiendo, por supuesto, que las imágenes y metáforas de la feminización y la decadencia se emplearon en la construcción griega del bárbaro y, específicamente, en la construcción ateniense de la victoria sobre los persas, tales motivos no aparecen en Esquilo, o, al menos, no lo hacen con claridad ni abundancia. De hecho, si así hubiera sido y Esquilo no hubiera optado por presentar al enemigo vencido como un semejante, difícilmente hubiera tenido éxito al llevar a la escena *Persas* que, como tragedia, debía despertar miedo y compasión en el público.

Para zanjar el asunto del lamento con el que se cierra *Persas*, encabezado por Jerjes y ejecutado conjuntamente por el propio rey y el coro, y aunque más adelante haré algunas consideraciones sobre el carácter trenódico de toda la pieza, basta con remitir en este punto a Librán Moreno, quien, tras repasar las posturas enfrentadas de los diferentes estudiosos, plantea buscar la fuente de inspiración en el mito épico, intemporal, y no en la Atenas del siglo v a. C.: en la épica y en la tragedia hay sobrados ejemplos de hombres lamentándose sin dar muestra alguna del famoso «autocontrol» que tan alegremente la crítica les atribuye mientras se lo niega a las mujeres[24]. No hay, en absoluto, una intención «feminizadora» de parte de Esquilo al caracterizar a los persas entonando un lamento, sino un prejuicio bastante claro por parte de quienes se acercan a esta tragedia con presupuestos orientalistas, amén de misóginos.

---

24. Librán Moreno 2005: 150. Vid. también Garvie 2009: 340, en referencia al treno final; Rosenbloom 2006: 125-126, y Dué 2006: 57-58.

Sufrir con el vencido

Pese al influjo de la corriente «orientalista», la mayoría de los estudios de nuestro siglo coinciden en señalar que la pieza de Esquilo mueve más a la compasión que a la vanagloria por la victoria[25]. Ya Nicole Loraux había planteado, en relación con *Persas*, que era bastante improbable pensar que una tragedia pudiera despertar el «júbilo» del público y se pronunciaba a favor de ver en esta pieza una «sutil dosis de patriotismo y compasión, de placer y de dolor»[26], en el sentido de que los ciudadanos de Atenas sabrían no sucumbir al placer de ser los causantes del dolor que se estaba escenificando para, más bien, reconocer lo que los unía con el vencido. Se trataba de una operación difícil, ya que en el mundo real los adversarios son los adversarios, pero en la ficción es posible hacer del adversario alguien muy próximo a nosotros. *Persas* se movía en el límite de esas dos posibilidades al ser una ficción de base histórica.

25. Dada la cantidad enorme de estudios sobre el sentido de *Persas*, ya como obra de aliento patriótico y con una medida mayor o menor de rebajamiento del enemigo, ya como alegato más o menos empático y pacifista, me voy a limitar, para este asunto concreto, a los estudios publicados en el siglo en el que estamos. Vid. bibliografía extensa en Garvie 2009: xxi, nota 40 y en Gruen 2011: 10, nota 4 (bibl. a favor de la superioridad helena), nota 5 (bibl. a favor de una interpretación empática y universalista), nota 6 (bibl. con posturas intermedias). Más en general, una síntesis de los estudios sobre el espinoso asunto del surgimiento de un sentimiento de superioridad griego frente a los persas a raíz de las guerras médicas, puede verse en Isaac 2004: 257-261, con bibliografía comentada.
26. Loraux 1999: 78.

En la misma línea y en fechas más recientes, nueva-
mente Librán Moreno señala con acierto que Esquilo
tiñe de *páthos* la descripción de la desgracia persa en Salamina y Psitalea con el objeto de humanizar al vencido[27]. No era fácil que el público, que había sufrido enormemente a causa del enemigo, sintiera compasión por
su destrucción, pero esa es precisamente la función que
tienen las alusiones a las esposas recién casadas –ahora
viudas–, a las lágrimas de los ancianos padres o a la valentía y belleza echadas a perder de tantos nobles muertos. De todos estos ejemplos señala Librán Moreno los
correspondientes paralelos homéricos, y entiendo que
es mucho más sensato este planteamiento que el que ve
feminización en el llanto, o en la propia mención de las
esposas. La *epichairekakía*, o malvada alegría por el mal
y la desgracia ajenas que algunos creen percibir como el
objetivo último que la contemplación del treno debería
provocar en el espectador, tiene unos límites sobre los
que los propios griegos reflexionaron y no deja de ser
una emoción censurable, por más que sea un sentimiento común en todas las épocas y pueblos[28].

La ausencia de tono «patriotero» alguno es clara también en el hecho de que, aunque la obra se representaría
en Atenas y a pesar de ser la de Salamina una victoria en
la que el papel de la flota ateniense fue clave, el poeta no
focaliza en esta ciudad su relato y, más bien al contrario,

27. Librán Moreno 2005: 130.
28. Librán Moreno 2005: 145-154.

cuando la reina Atosa describe un sueño que ha tenido, en el que aparecen en disputa dos hermosas mujeres, dice que una va vestida como una persa y la otra como «doria», es decir, un ropaje que parece aludir más a Esparta que a Atenas. Pero, además de eso, entre estas dos mujeres que representan a Asia y a Europa estalla una disputa a la que Esquilo da el nombre de *stásis* (guerra civil), no *pólemos*, que es el término empleado por los griegos para la guerra externa. Jerjes parece querer uncirlas bajo un mismo yugo, anunciando así, muy al principio de la pieza, la idea que se explicita al final de la *Ilíada*, con Aquiles y Príamo compartiendo un mismo dolor: existe una hermandad entre vencedor y vencido a través del sufrimiento[29].

El tiempo transcurrido entre la batalla de Salamina y la representación de *Persas* es de unos ocho años, lo que permite que la obra tenga un carácter retrospectivo, celebratorio de una victoria que a los griegos, y muy especialmente a los atenienses, les había inyectado mucha moral, pero las hostilidades continuaban y la amenaza persa seguía muy viva. Conviene no olvidarlo para entender que la forma en la que el público habría recibido la obra sería muy diferente a cuando asistían a la representación de las grandes sagas míticas. *Persas* no solo era historia, sino historia actual, narraba sucesos todavía frescos en la memoria y tocaba miedos muy reales. Exigía del público dos cosas muy difíciles de lograr a la vez:

29. Sommerstein 2010: 48 y Garvie 2009: 118.

ver al enemigo como alguien diferente y alumbrar la posibilidad de identificarse con él. Es esa la quintaesencia del poder del teatro[30]. Como ya hemos mencionado, Esquilo desplegó todas sus herramientas para evitar el fracaso que hubiera supuesto que *Persas* no consiguiera, al final de la representación, que la audiencia simpatizara con el sufrimiento del enemigo[31].

Todos estos planteamientos se apartan más o menos explícitamente de la propuesta de Edith Hall, según la cual las emociones –el miedo sobre todo, ese miedo recién experimentado en carne propia por los atenienses– se proyectan en el enemigo, y así los atenienses «pueden experimentar a la vez un profundo orgullo patriótico, un sentido de superioridad étnica, la vibración de la victoria y un exorcismo encubierto de su propio sufrimiento psicológico»[32].

Se han dado también respuestas intermedias, como la de que, si bien cabe descartar una voluntad orientalizante o sentimiento de superioridad étnica por parte de Esquilo, tampoco sería posible considerar que el soldado que combatió en Salamina y perdió a su hermano en la lucha pudiera sentir ningún tipo de empatía hacia el

---

30. Rabinowitz 2008: 93 y Rehm 2002: 242.
31. Garvie 2009: xxii. Utilizando un enfoque diferente, el del análisis de la *deixis* en *Persas*, Nancy Felson y Laura M. Slatkin contribuyen también a demostrar cómo Esquilo orientó la atención de la audiencia para lograr que se identificara con el dolor de los persas, siendo esta una intención y estrategia mucho más claras que la de lograr un extrañamiento y minusvaloración del enemigo, Felson y Slatkin 2016: 263.
32. Hall 1996: 19.

enemigo, pues las heridas estarían muy recientes. Así lo expresa Erich S. Gruen:

> *Persas* es una tragedia genuina, más que una pieza de propaganda política, antipatía étnica, o filosofía moral. Los persas constituyen el enemigo; sus acciones engendraron venganza divina y su derrota gratificó a la audiencia. Pero Esquilo, decididamente, no los relega a la categoría del «Otro»[33].

Por mi parte, y de acuerdo con la idea de que estamos ante una tragedia y no un canto de victoria[34], defenderé que Esquilo buscó en *Persas* provocar el miedo, pero también la compasión. Y que, para ello, se sirvió de recursos cercanos al público que harían posible acoger con familiaridad el dolor de los vencidos. En primer lugar, como veremos inmediatamente, el recuento y el recuerdo de las víctimas persas en la batalla de Salamina se hace en *Persas* empleando un lenguaje muy familiar al público ateniense, el de la epigrafía funeraria, el mismo del que ellos se servían para celebrar a sus propios caídos. Por otra parte, como se verá en el siguiente capítulo, la evocación del dolor de las jóvenes esposas, ahora viudas, también le sirvió a Esquilo para acercar al auditorio al dolor de esas otras víctimas de la guerra.

33. Gruen 2011: 21.
34. Rosenbloom 2006: 139-145 ofrece un buen resumen sobre las diversas opiniones que se han vertido sobre este drama, considerado a veces tragedia en cuanto a la forma y epinicio en cuanto a la función.

Persas como tragedia: compasión y miedo

Esquilo hizo uso de un recurso que le permitiría traducir el dolor de los persas en términos muy cercanos al público ateniense y, en general, panhelénico: el lenguaje de la epigrafía funeraria[35].

Para un griego de época arcaica o clásica era habitual encontrar en medio de un camino algún memorial que le invitaba a detenerse, recordar a los ausentes y participar del lamento, leyendo en voz alta el texto inscrito en una estela funeraria. Las estelas, decoradas o no, con inscripciones funerarias comienzan a aparecer en época arcaica, así como los *koûroi* y *kórai*, es decir las estatuas de muchachos desnudos y muchachas con elaborados ropajes que funcionaban como marcadores de las sepulturas de los muertos prematuramente, los *áōroi*. Las clases aristocráticas conmemoraban a los que fallecían antes de tiempo con bellísimas estatuas, con unos memoriales de los que conservamos tanto la estatua como la inscripción solo en un caso para las *kórai*, el de la joven Frasiclea, de la que se lamenta que Hades se la llevara antes del matrimonio, y en otro para los *koûroi*, el del joven Creso, al que me referiré más adelante, y del que se dice que murió en primera línea de combate.

Los memoriales, las estelas funerarias, podían erigirse para conmemorar cualquier tipo de fallecimiento, pero tenemos abundante documentación de épocas anterio-

35. Esta idea está más desarrollada en González González 2022.

res y contemporáneas a Esquilo que nos habla sobre cómo se expresaba específicamente el lamento por los caídos en la guerra, muy especialmente cuando se trataba de jóvenes. Así, por ejemplo, contamos con los elaborados epitafios métricos privados de época arcaica, individuales, vinculados a la clase aristocrática, con versos de resonancias «homéricas», como los dedicados a Creso o a Tético, de los que ofrezco la traducción más adelante.

Por otro lado, tenemos constancia de las listas públicas de los caídos en la guerra desde el siglo VI a. C., y sobre todo en la centuria siguiente[36], ya que tras las guerras persas los epitafios privados comenzaron a ser desplazados por epitafios públicos, los *polyandria*, al mismo tiempo que se estableció la costumbre de honrar anualmente a esos muertos en batalla con un discurso también público, en un intento de «democratizar» lo que antes había sido un privilegio aristocrático: recibir un hermoso memorial y un epitafio métrico.

Aunque toda esta tradición de los monumentos funerarios es muy conocida, pocas veces se han señalado las afinidades entre las listas atenienses de los caídos en combate y el relato del heraldo que, en *Persas*, en el primer episodio, llega a la corte de Susa con la terrible noticia de la derrota y enumera a los jóvenes guerreros que han perdido la vida en Salamina[37], pese a que en ambos

---

36. Los trabajos pioneros sobre este género fueron los de Smith 1919 y, medio siglo después, Bradeen 1969. Vid. también Pritchett 1985: 139-145.
37. Ebbott 2000.

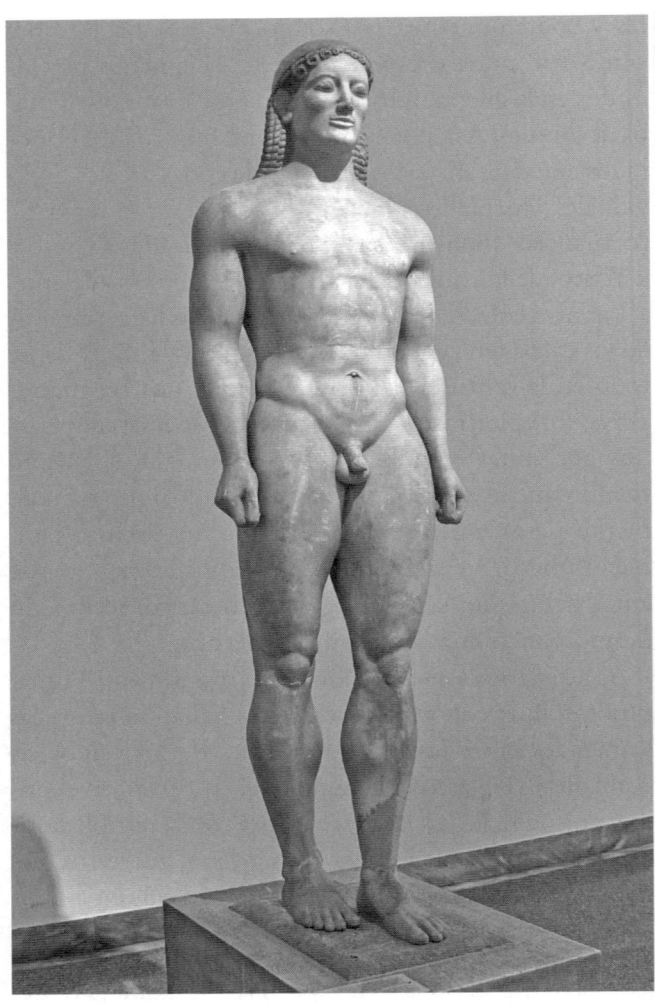

Koûros de Creso (también conocido como *koûros* de Anavyssos), *ca*. 540 a. C.
Museo Arqueológico Nacional, Atenas.

Kóre de Frasiclea,
ca. 550-540 a. C.
Museo Arqueológico
Nacional, Atenas.

casos se recuerda el nombre, el origen, el puesto en el ejército y el lugar de la muerte. De hecho, solía afirmarse que estos listados de guerreros muertos de *Persas* recordaban a la épica, pero las diferencias son abundantes, como el hecho de que se nombre al «héroe» muerto y no a quien lo ha matado, frente a la épica, centrada en el *kléos* («fama») del vencedor. Al público ateniense estos versos en boca del mensajero, celebrando el valor y lamentando la muerte de los mejores de los persas, de la «flor de la ciudad», le evocarían, más bien, los listados de caídos en combate, ya que habría ciertas convenciones reconocibles:

Del mismo modo que un mensajero en el drama pronuncia los nombres de los muertos ante los persas al regresar a casa, así también ante los atenienses un mensajero daría la lista de los nombres de sus soldados muertos en la batalla de Salamina. En el caso de los soldados atenienses, el mensajero comunicaría los nombres de los que habían sido enterrados adecuadamente, mientras que el discurso en *Persas* pone el énfasis en el estado insepulto de sus soldados muertos[38].

Es claro el valor de este pasaje, del relato del heraldo en *Persas*, como un recurso en la búsqueda de empatía: el mismo lenguaje empleado en las listas atenienses de fallecidos en combate se emplea ahora para recordar a combatientes que no han recibido los honores fúnebres.

38. Ebbott 2000: 93.

Esquilo lo utiliza con una doble función: por un lado, y principalmente, facilitar la empatía del espectador con el sufrimiento del pueblo persa; por otro, provocar al auditorio invirtiendo sus expectativas, como veremos.

Aunque los estudios sobre *Persas* destacan muy especialmente el papel que el lamento tiene en la parte final de la obra[39], con Jerjes y el coro como protagonistas, lo cierto es que el lamento por la juventud persa –con esa similitud con los epitafios por los jóvenes muertos en la guerra que acabo de señalar– está muy presente a lo largo de toda la obra, no solo en el canto final del coro. Ya en la *párodos* encontramos una primera referencia a «la flor de Persia» en alusión a los jóvenes que han acompañado a Jerjes en la expedición:

> Tal es la flor de hombres de la tierra persa que ha partido,
> por los que toda la tierra de Asia,
> la que los crio, gime con violenta añoranza,
> y los padres y las esposas, contando los días,
> tiemblan a medida que el tiempo pasa[40].

Pese a que en este momento inicial de la pieza se desconoce que los jóvenes han muerto, la ambigüedad del verbo *oíchetai*, que puede significar tanto «irse» como «morir», sumada al hecho de que el público sí conocía que «la flor de Persia» había fenecido, hace que estos

---

39. En el *kommós* que ocupa los versos 908-1077.
40. A. *Pers.* 60-64.

versos suenen ya como un epitafio. Poco después, en la primera intervención del heraldo, esta idea se confirmará:

¡Oh, ciudades de toda la tierra de Asia!
¡Oh, tierra persa, puerto de tanta riqueza!
Cómo de un solo golpe ha quedado destruida tu enorme dicha: la flor de los persas yace en tierra.
¡Ay de mí! Es terrible ser el primero en anunciar
[desgracias;
sin embargo, es necesario desplegar [=enumerar] todo el
[sufrimiento,
persas: el ejército de los bárbaros al completo ha sido
[destruido[41].

Según Heródoto, un amanuense acompañaba a Jerjes para tomar nota tanto de los pueblos invadidos como del nombre, patronímico y ciudad de origen de los combatientes que sobresalieron en Salamina[42]. Es muy posible, entonces, que los detalles que aparecen en la lista del heraldo en *Persas* –los nombres, cargos en el ejército y origen– derivaran de ese tipo de anotaciones, y que la metáfora del verso 254, «es necesario desplegar todo el sufrimiento», se basara en el hecho de que el papiro debía ser desenrollado para ser leído[43]. A lo largo de esta pieza, que entiendo como un largo treno, iremos asis-

41. A. *Pers*. 249-255.
42. Hdt. 7.100.1; 8.90.4.
43. Rosenbloom 2006: 62-63.

tiendo al doloroso «despliegue» de los nombres de los caídos[44].

A las palabras del heraldo anunciando la desgracia, el coro de la tragedia, formado por ancianos, da una respuesta que nos coloca definitivamente en situación:

Sin duda la vida ha resultado muy larga
para nosotros, ancianos, cuando tenemos que escuchar
esta desgracia que no se esperaba[45].

¿Por qué es demasiado larga (*makrobíotos*) la vida de estos ancianos? Porque van a tener que soportar la muerte de sus hijos antes de la suya propia, algo que atenta contra las leyes de la naturaleza y que en todo tiempo y lugar ha sido considerado como uno de los mayores males que pueden acontecerle al ser humano. Así como le ocurrió al rey Creso de Lidia, que tras una vida de lujo y despilfarro hubo de enterrar a su hijo Atis y ver su imperio sucumbir ante el ataque persa de Ciro II, los griegos sabían que no se puede decir de un hombre que es feliz hasta el día de su muerte, y es evidente que estos ancianos que hubieron de enterrar a sus hijos soldados vieron desaparecer la posibilidad de ser considerados dichosos al final de sus días. Los estudiosos no suelen detenerse

---

44. Rehm 2002: 243 señala la importancia de que un total de 51 persas son mencionados por su nombre, una letanía de caudillos muertos por los griegos a los que Hall se refiere como «cacaphonous catalogues». Rehm señala, en cambio, las resonancias homéricas de esas listas.
45. A. *Pers*. 263-265.

apenas en esta afirmación del coro, quizá porque parezca demasiado simple y autoexplicativa, pero es claro que la vida de estos ancianos ha resultado *makrobíotos* por la razón muy específica de haber sufrido la muerte de sus hijos antes que la suya. Teniendo presente que este es uno de los asuntos nucleares de *Persas*, si no el principal, la aparición de un coro de ancianos lamentando la muerte prematura de sus hijos no debería verse, como a veces se ha hecho, como un elemento que contribuye a la feminización del enemigo. Se ha interpretado de modo equivocado como feminización el hecho de que sea un coro de varones y no de mujeres el que entone el lamento, pero lo cierto es que en los epitafios de jóvenes muertos en la guerra no es extraño que tanto el comitente como el sujeto del lamento sea el padre del fallecido[46].

Además de estas consideraciones de carácter general sobre lo apropiado que resulta que sean los ancianos del coro los que lloren la muerte de sus hijos, hecho sobre el que nos ilustra la epigrafía funeraria, podemos centrarnos ahora también en algunos epitafios concretos de los que hay eco en *Persas*. De entre los memoriales por los caídos en las guerras, uno de los más antiguos y conocidos es el epitafio de Creso, *ca.* 540 a. C., que resulta muy ilustrativo a este respecto. El epigrama, un dístico elegíaco, dice así:

46. Vid. ejemplos en González González 2019: 52-66.

Detente y apiádate ante la tumba de Creso, muerto,
al que un día, en primera línea de batalla, destruyó el
[impetuoso Ares[47].

Este epíteto homérico que se utiliza para Ares, «impetuoso» (*thoûros*)[48], se aplica en *Persas* a los jóvenes que acompañan a Jerjes en su expedición. Además, en tres ocasiones Esquilo se refiere a Jerjes como *thoúrios*[49] y, si bien las dos últimas están puestas en boca de su madre la reina y pudieran entenderse como expresión de un amor ciego hacia su hijo, en la primera de ellas, las palabras exactas pronunciadas por el coro son «impetuoso caudillo de Asia de muchos varones»[50], una forma de referirse tanto al rey como a su ejército que desmiente también la caracterización del mismo como «feminizado».

En otro interesante epigrama, el del joven Tético (*ca.* 575-550 a. C.), encontramos más similitudes con algunos versos de *Persas*. El memorial dice así:

[Ya seas ciudadano] o un extranjero que llega de otro
[lugar,
laméntate al pasar por Tético, un hombre noble,
caído en combate, su tierna juventud arruinada.
Laméntate por todo esto y vuelve después a tus nobles
[asuntos[51].

---

47. *CEG* 27. González González 2019: 45-47.
48. *Il.* 5. 30, 35, 355, 454, 507, 830, 904; 15. 127, 142; 21. 406; 24. 498.
49. A. *Pers.* 74, 718, 754.
50. A. *Pers.* 74.
51. *CEG* 13. González González 2019: 47-49.

Aparece aquí una fórmula bien conocida, «arruinar la juventud», habitual en memoriales de jóvenes muertos en combate, tanto privados como públicos. En *Persas*, la alusión a la pérdida del joven ejército es recurrente: la encontramos en boca del mensajero, que dice que la ciudad puede gemir añorando a la muy querida juventud de esa tierra[52], o de Darío, quien lamenta que su hijo llevara a la ruina a los jóvenes aliados[53], o del coro, que relata cómo la tierra llora por la juventud perdida a causa de Jerjes[54]. Los ancianos del coro, como es de esperar por su condición de padres de muchos de los fallecidos, insisten en esta idea con términos variados, como «la juventud de la nación» (*neolaía*)[55], o «la flor de la juventud» (*ánthos*)[56].

La idea de que la muerte de los jóvenes guerreros aflige a toda la ciudad y no solo a sus familiares es también habitual en la epigrafía funeraria y, de nuevo, es una idea que se recoge en *Persas*:

> Oh, Zeus soberano, ahora <...> de los persas
> jactanciosos y numerosos
> tras destruir el ejército,
> las ciudades de Susa y Ecbatana
> has cubierto con aflicción sombría[57].

52. A. *Pers.* 512.
53. A. *Pers.* 733.
54. A. *Pers.* 922-923.
55. A. *Pers.* 670.
56. A. *Pers.* 59, 252, 925.
57. A. *Pers.* 532-536.

En ocasiones sucede que estas similitudes, o este «aire de familia» con la epigrafía funeraria, provoca en *Persas* una fuerte impresión por la ruptura de las expectativas, es decir, por referirse a circunstancias muy distintas a aquellas en las que tales expresiones se usan habitualmente. Veamos un ejemplo. No sería extraño que el público conociera los epigramas en honor a los helenos caídos en Salamina, por ejemplo el dedicado a los corintios muertos en esta batalla:

Oh, extranjero, en un tiempo vivimos en la ciudad de
[bellas corrientes, Corinto,
pero ahora Salamina, la isla de Áyax, nos posee.
Aquí, apoderándonos de las naves persas y fenicias
salvamos a la sagrada Hélade de los medos[58].

Este epigrama es uno de los muchos que se dedicaron a celebrar a los griegos caídos en esta batalla en las costas de la isla de Salamina, conocida como isla de Áyax. Muy posiblemente el público recordaría epigramas como este y percibiría el contraste con las imágenes de los marinos persas cuyos cadáveres continuaban en aguas de Salamina sin haber obtenido honras fúnebres ni un lugar de descanso, como leemos que cuenta el mensajero en *Persas*:

58. *CEG* 131, 480 a. C., Corinto, monumento público, citado en Plutarco *Mor.* 870E.

MENSAJERO. Llenas de cadáveres, muertos
[desdichadamente,
están las costas de Salamina y toda la tierra próxima.
CORO. ¡Ay, ay! Los cadáveres de los nuestros
sumergidos una y otra vez, rechazados por el mar,
muertos, dices, que son arrastrados en errantes tablas de
[barcos[59].

También del «excelente» (*áristos*) Tenagonte se dice que vaga por la isla de Áyax, es decir, Salamina, y se menciona después a aquellos cuyos cadáveres siguen chocando contra las rocas:

El excelente Tenagonte, estirpe de los bactrios,
vaga por la isla de Áyax, batida por el mar[60].

Aunque estas descripciones se hacen mostrando respeto por los nobles persas y recordando su muerte gloriosa, como en el caso de Siénesis, que muere obteniendo la fama después de hacer, muy a la griega, el mal a sus enemigos,

y Siénesis, el primero en coraje,
jefe de los cilicios, que causó él solo el mayor daño
a los enemigos, murió obteniendo la gloria[61],

---

59. A. *Pers*. 272-277.
60. A. *Pers*. 306-307.
61. A. *Pers*. 326-328.

ello no evita el doloroso contraste con los memoriales y las listas públicas de los caídos del lado griego, que sí recibieron los honores correspondientes. Incluso puede leerse como irónico el modo de referirse a Artabes el bactrio, de quien se dice que acabó muerto como «meteco» de una dura tierra[62]. Obviamente, el desdichado Artabes no alcanzó el estatuto de meteco, es decir, el de un extranjero que podía vivir libremente en una ciudad-estado griega, aunque sin disfrutar del pleno derecho de ciudadanía. El poeta juega con esa evocación a las listas de caídos en las que, en ocasiones, se hacía alusión a la condición de ciudadano o no de los soldados mencionados en la estela.

En contraste con estas poderosas y terribles imágenes de los jóvenes nobles persas, se percibe en Esquilo un cierto tono mordaz cuando señala que Jerjes ha salvado su vida. Si bien defiendo que Esquilo privilegia la empatía con el derrotado, es cierto que hay también espacio para el orgullo de la victoria y la crítica al enemigo invasor, focalizada precisamente en Jerjes. El Rey de Reyes está vivo, lo anuncia el heraldo con una expresión habitual para referirse a quien está con vida: «El propio Jerjes vive y ve la luz del sol»[63]. Una expresión que contrasta con fórmulas opuestas que en la epigrafía funeraria indican la muerte aludiendo al hecho de no ver ya la luz del sol[64].

62. A. *Pers.* 319.
63. A. *Pers.* 299.
64. Tsagalis 2008: 63-86.

En efecto, la suerte de Jerjes es muy diferente a la de los jóvenes nobles a los que ha arrastrado a la perdición, y es también muy distinta a la de su padre Darío, que sí murió a tiempo y que fue muy llorado[65]. Darío fue envidiable en vida y envidiable ahora, a diferencia no solo de su hijo, sino también de una esposa que ha vivido para ver la derrota de la ciudad. Darío contrasta con su hijo porque él ya no ve la luz y debe ser invocado para que vuelva a la vida por un momento, para que vuelva «a la luz»:

Tierra y Hermes, soberano de los muertos,
enviad arriba su alma, a la luz[66].

Y contrasta con la reina, su esposa, que comparte con los ancianos del coro la desdicha de haber vivido demasiado y haber conocido la desgracia:

Oh, tú, que superaste la dicha de todos los mortales por tu
[afortunado destino,
que mientras veías los rayos del sol, envidiado,
viviste una vida feliz, igual que un dios para los persas,
y ahora también te envidio, muerto antes de ver la
[profundidad de estos males[67].

La reina afirma que Darío era «envidiado» (*zēlōtós*) cuando vivía, cuando aún podía ver la luz, pero –y este

65. A. *Pers.* 674.
66. A. *Pers.* 629-630.
67. A. *Pers.* 709-712.

detalle es importante– ahora es también envidiado por lo contrario, y por lo mismo por lo que no lo son ella y los ancianos del coro. Darío encarna el destino de los ancianos que mueren a su hora dejando vivos a sus hijos, los únicos para los que, según los testimonios de la epigrafía funeraria, se reservaba el calificativo de *eudáimones*, dichosos.

Todas estas alusiones al dolor del coro de ancianos, expresadas con recursos enraizados en tradiciones griegas como la épica homérica y el género epigráfico del epitafio, contribuyeron sin duda a suscitar una empatía especialmente difícil de conseguir dada la cercanía de los acontecimientos y la implicación de los espectadores en los hechos de los que se estaba hablando. Estos recursos tenían una función, que era nada menos que conseguir que *Persas* fuera una tragedia. Y es que en el debate entre quienes ven aquí una pieza patriótica y celebratoria y quienes entienden que trata de sufrimiento y nostalgia (*páthos* y *póthos*), lo que está en juego es si *Persas* es o no una tragedia.

Aristóteles no hubiera dudado en considerarla como tal. En su *Poética*, el filósofo menciona un concepto que ha trascendido hasta nuestros días: la *kátharsis*, un estado de purificación como efecto de la tragedia sobre el espectador. Se ha discutido mucho sobre ella y no es fácil definir en qué consistía exactamente, pero sí podemos saber sobre quién y cómo se producía.

La *kátharsis* afectaba al público de las tragedias, es decir, un grupo formado mayoritariamente por hombres que conocían la guerra tan bien como el propio Esquilo y que serían los mismos que acudirían a las asambleas a decidir sobre aquellos asuntos que importaban a los ciudadanos. Esos hombres llegarían a la *kátharsis* «a través de la piedad y el temor» (*di'eléou kaì phóbou*). Para Aristóteles, «la piedad es un cierto pesar ante la idea de un mal destructivo, o penoso, que alcanza a quien no lo merece y que uno mismo podría esperar sufrir, o alguno de los suyos, y esto cuando parece cercano»[68]; el miedo, por su parte:

> Es un cierto pesar o turbación ante la idea de que es inminente un mal destructivo o penoso; y no todos los males son temidos, por ejemplo ser injusto o lento, sino cuantos pueden acarrear grandes pesares, o desastres e, incluso en este caso, cuando no parecen lejanos sino próximos. Los males demasiado lejanos no dan miedo[69].

Ambas definiciones son muy semejantes, pero la diferencia está en que el miedo se sufre antes de que el mal inminente se produzca, mientras que la piedad se siente a la vista de ese mal que ya ha sucedido. Además, en el segundo caso, se añade que el mal no es merecido.

¿Sentiría el espectador de *Persas* estas emociones? Podemos decir que al menos Esquilo hizo lo que pudo para que así fuera[70]. Los atenienses podían sentir temor

68. Arist. *Rh.* 2.8, 1385b13-16.
69. Arist. *Rh.* 2.5, 1382a21-5.
70. Vid., en el mismo sentido, Hopman 2009, especialmente 369-376. También Podlecki 1970: 14.

76

ante la inminencia de que algo como lo que estaba sufriendo en escena el pueblo persa les pasara a ellos; desde luego, habían estado cerca de ese dolor y podían volver a estarlo[71]. Era un miedo hacia algo posible en el corto plazo. Por otro lado, si experimentaron piedad ante esta desgracia que había caído sobre la tierra persa fue porque Esquilo no trató de acentuar las diferencias del pueblo griego con el persa, sino todo lo contrario. Los espectadores pudieron sentir que ni los ancianos del coro ni esas mujeres a las que en tantas ocasiones se refiere el poeta, y de las que hablaré en el capítulo siguiente, merecían el dolor del que eran víctimas. Al proceder de esta manera, borrando las fronteras entre vencedores y vencidos, Esquilo se insertaba en una tradición que podemos remontar a Homero. Además, a nivel formal, como ya hemos visto, empleó recursos de otra tradición, la de la epigrafía funeraria arcaica, que tendría el mismo efecto: que la manera de llorar a sus muertos resultara familiar (no exótica) al público y facilitase la empatía. Difícilmente hubieran alcanzado los espectadores la *kátharsis* a través de la piedad y el temor si lo que el poeta hubiera hecho fuera alimentar su orgullo patriótico humillando al vencido y caracterizándolo como opuesto a él en todo.

No hay duda de que a partir de la victoria helena sobre el enemigo persa se fue construyendo la larga tradición crítica e interpretativa que denominamos orientalismo y

71. Quienes insisten en el tono celebratorio de la pieza quizá olviden que el peligro persa no estaba en el 472 a. C. enteramente conjurado. Vid., entre otros, Pelling 1997.

que sigue viva todavía hoy. No debe ponerse en discusión ese hecho, así como tampoco deben minusvalorarse el impacto y la fecundidad de obras como *Orientalismo*, de Edward Said, o *Inventing the Barbarian*, de Edith Hall. Sin embargo, he tratado de mostrar que para entender *Persas* hay otras perspectivas más útiles, y que el orientalismo tal y como hoy lo entendemos no tiene su origen en Esquilo. De hecho, difícilmente este autor podría ser candidato a primer representante del orientalismo cuando su idea de «Europa» (ese «nosotros» frente al «otro» persa) era bastante limitada. Esquilo utiliza el término «Europa» únicamente dos veces en sus obras: para referirse a la tierra al oeste del Helesponto (estrecho de los Dardanelos) y al oeste del Bósforo Cimerio (estrecho de Kerch); es decir, la franja de tierra que lindaba con estos estrechos y al otro lado de la cual estaba Asia[72].

En *Persas,* Esquilo trató de suscitar la compasión y el temor en el público y consiguió que los espectadores empatizaran con el sufrimiento de los ancianos y viudas persas del mismo modo que lo hacían con Príamo, Hécuba, Héctor y Andrómaca al escuchar los cantos homéricos. A esta clara intención contribuyó el hecho de que el dolor por la muerte de la juventud persa se expresara con fórmulas semejantes a las empleadas en el género del epitafio con el que el auditorio estaba muy familiarizado. El persa era el enemigo, pero no era el «absolutamente Otro».

72. Rehm 2021: 115.

Un último detalle que a veces pasa desapercibido puede resultar muy ilustrativo a este respecto: en la *párodos*, el coro evoca a Jerjes como «igual a los dioses, de una raíz nacida del oro» (*chrysogónou geneâs isótheos fôs*)[73]. Esquilo se refiere aquí a una historia, que también relata Heródoto[74], según la cual Perses, ancestro de los persas, fue hijo de Perseo –nacido de Dánae y Zeus en forma de lluvia de oro– y de Andrómeda. Así, podemos ver que, aunque los antiguos griegos reconocían las diferencias entre los pueblos e incluso las enfatizaban en ocasiones, también tenían la capacidad de considerarse a sí mismos como parte de una amplia herencia común, descubrir lazos con otras sociedades y construir su memoria en términos de préstamos y apropiaciones[75].

Por otra parte, hay que insistir en que nada de esto resta valor a la utilidad del concepto de orientalismo, ni interés a las obras de Esquilo para reflexionar sobre este y otros mecanismos de construcción de la identidad. Veremos inmediatamente al analizar *Siete contra Tebas* un curioso ejemplo de cómo el «Otro» puede ser «otro» griego y el mecanismo utilizado para caracterizarlo es el mismo que si se tratara de un «otro» bárbaro. Así, Esquilo caracterizará al ejército argivo que ataca la ciudad de Tebas como «bárbaro», aunque, salvo en un momento concreto –cuando habla de los caballos de uno de los atacantes– no utilice este término. Es evidente

---

73. A. *Pers.* 80.
74. Hdt. 7.61 y 7.150-2.
75. Tesis defendida por Gruen 2011.

que tanto Esquilo como su público sabían que argivos y tebanos, pueblos que se enfrentan en *Siete contra Tebas*, hablaban la misma lengua, aunque hubiera diferencias dialectales; sin embargo, se incide en que los atacantes argivos tienen un modo diferente de hablar, o se les describe llevando a cabo ritos ajenos al ámbito heleno. En esta caracterización lo que pesa es su condición de enemigos, no de orientales, que claramente no son. Lo que funciona es la construcción, siempre flexible, siempre dinámica, de un «Otros» frente a un «Nosotros»[76].

Identidad y autoctonía: *Siete contra Tebas*

Siete contra Tebas se representó en las Grandes Dionisias del 467 a. C. Era la última pieza de una trilogía encadenada precedida por *Layo* y *Edipo*, y que se cerraba con el drama de sátiros *La Esfinge*. Ese año, los rivales de Esquilo en la competición eran Aristias y Polifrasmón, hijos de autores trágicos –Prátinas y Frínico respectivamente– que habían tenido gran éxito en la generación anterior. Esquilo obtuvo el primer premio.

76. Hay una pregunta que queda en el aire: si la esencia de la tragedia es la presentación de un conflicto, que puede llegar, o no, a resolverse plena o parcialmente, ¿qué conflicto se escenifica en *Persas*?, ¿sobre qué quiere Esquilo que reflexionemos?, ¿se cuestiona una guerra de corte imperialista? No tengo respuesta. Quizá sea significativo que el coro y Jerjes se unan en el *kommós* final, pero no podría decir que esa escisión, si es que la había, se cierra al final de la obra. Parece claro, al menos, que el enfrentamiento no se da entre Oriente y Occidente, sino en el seno del escenario persa. Sobre esta cuestión véase especialmente Paduano 1978.

El escenario de la acción se sitúa en el interior de la ciudad de Tebas, en la ciudadela antigua conocida como Cadmea. El coro lo forman muchachas aterradas ante la perspectiva de que la ciudad caiga en manos de un ejército invasor. El público conocería el contexto: Eteocles es ahora el soberano de Tebas y su hermano Polinices se dispone a recuperar el poder por la fuerza, apoyado por un ejército de Argos. Hay estatuas de los dioses en la *orchéstra* y a ellas se abrazan las jóvenes del coro cuando entran en escena; su modo de suplicar es censurado por Eteocles, que considera que lo único que consiguen es desmoralizar a los ciudadanos. La obra incluye una escena famosísima en la que tiene lugar la descripción de los guerreros asignados a cada puerta, tanto en ataque como en defensa. Durante casi cuatrocientos versos asistimos a un despliegue de detalles sobre los atacantes, su descripción física, su carácter y los emblemas de sus escudos. El coro de muchachas trata de disuadir a Eteocles de ser él quien se enfrente a su hermano, Polinices, pero las últimas palabras de Eteocles antes de salir de escena no dejan lugar a dudas: «si los envían los dioses, los males son ineludibles». La pieza termina con la muerte de ambos hermanos, aunque la ciudad de Tebas se salva de la destrucción.

Por desgracia, solo conservamos esta tragedia, la última, de la trilogía tebana de Esquilo. La pérdida de la mayoría de las tragedias de este autor nos causa una desazón de la que el ensayista albanés Ismaíl Kadaré habló de la siguiente manera:

Pasara lo que pasase, la pérdida de las tragedias antiguas se había producido dentro de nuestro planeta, la Tierra, demasiado reducido para un desastre semejante. No importa dónde se encuentren, se rebuscará en cada uno de sus recovecos, se pondrán patas arriba los archivos, los monasterios, las bibliotecas. Al fin y al cabo estamos seguros de que las tragedias se perdieron aquí en la Tierra y no en una galaxia lejana.

Y sin embargo la esperanza era vana. Durante cientos de años, sin descanso, todos los rincones del planeta donde pudieran estar agazapadas fueron escudriñados, pero no hubo forma de dar con las tragedias. Al parecer, el pequeño planeta era apto para grandes extravíos[77].

En el caso de *Layo* y *Edipo*, las piezas que completaban esta trilogía, la frustración por esta pérdida no tiene límites. Sin negar importancia a la existencia de *Edipo Rey* de Sófocles, no contar con el *Edipo* de Esquilo es una verdadera desgracia. Lo cierto es que no tenemos nada, o, para no mentir, no tenemos nada seguro, pues se han conservado apenas tres líneas que no se sabe si pertenecen a esta pieza o a *Layo*.

Como consuelo, al menos tenemos bastante información sobre el argumento de esta tetralogía, ya que tanto la saga de los Labdácidas (Lábdaco era el padre de Layo, padre a su vez de Edipo) como la de los Atridas (Atreo era el padre de Agamenón y Menelao) eran de las más

77. Kadaré 2006: 64.

conocidas por el público ateniense y griego en general. Existían poemas épicos sobre ellas (*Edipodia*, *Tebaida*, *Epígonos*) cuyos argumentos conocemos, y, sobre todo, tenemos completas tres piezas de Sófocles que constituyen lo que es para nosotros la versión canónica de lo ocurrido en esa Tebas mítica fundada por Cadmo: *Edipo Rey*, *Edipo en Colono* y *Antígona*. También es importante tomar en consideración *Fenicias* de Eurípides, obra que trata el mismo tema que *Siete contra Tebas* y en la que se dice que la disputa entre los hermanos fue debida a que, tras jurar alternarse en el poder, Eteocles se había negado a ceder el mando a su hermano Polinices. En la *hypóthesis* de esta pieza de Eurípides se ha transmitido el oráculo que Layo, padre de Edipo, había recibido y que se atrevió a ignorar:

Layo, hijo de Lábdaco, pides un linaje dichoso de hijos:
engendrarás un hijo querido, pero esto será tu desgracia,
abandonar la vida a manos de tu propio hijo, pues así lo ha
[decidido
Zeus Crónida, atendiendo a las maldiciones del
[desdichado Pélope
cuyo hijo querido raptaste. Él pidió para ti todo esto.

Layo morirá a manos de su propio hijo, Edipo, pagando así la pena por haberle arrebatado a Pélope a su hijo Crisipo, del que se había enamorado.

De manera que podemos hacer un breve resumen de la historia de esta familia, aunque sin arriesgarnos a precisar de qué modo habría desarrollado Esquilo cada detalle en las piezas que precedían a *Siete contra Tebas* y que no conservamos. De hecho, como enseguida veremos, es posible que el *Edipo* de Esquilo fuera muy diferente del de Sófocles en asuntos cruciales. Si atendemos a la historia tal como la conocemos por las tragedias tebanas de Sófocles, las cosas habrían sucedido así: un oráculo había advertido a Layo de que debía evitar tener hijos. A pesar de eso, engendra con Yocasta a Edipo, que es abandonado al nacer en un ingenuo intento de remediar la transgresión cometida. El niño es criado en Corinto por unos padres adoptivos y, ya adulto, Edipo no escapa al cumplimiento del oráculo: mata a su padre sin saberlo y se une también sin saberlo a su madre. De esa unión nacen dos hijas, Antígona e Ismene, y dos hijos, Eteocles y Polinices, que reciben, por motivos que no están claros, la maldición de su padre una vez que este descubre quién es en realidad y, cegados sus ojos, abandona Tebas camino del exilio. Una vez llegados a la edad adulta, Eteocles y Polinices deciden alternarse en el poder, pero, por razones que tampoco conocemos, Eteocles no cede su turno a Polinices, quien, exiliado en Argos, consigue el apoyo de un ejército de argivos para atacar Tebas y hacerse con el poder por la fuerza.

Esta versión sofoclea del mito nos resulta tan familiar que quizá al lector no especialista le extrañe saber que existieron versiones muy distintas en detalles no precisamente irrelevantes. Así, Homero, que alude brevemente a esta historia[78], dice que Yocasta –a la que él llama Epicasta– se suicidó nada más conocer la identidad de Edipo, pero que este continuó reinando y no partió al exilio. En la *Edipodia*, poema épico perdido, se contaba que, tras la muerte de Yocasta, Edipo se unía a Eurigania[79], hermana de Yocasta en algunas versiones del mito, y que era con ella con quien tenía sus cuatro hijos. Al parecer, fueron Esquilo y Sófocles quienes cambiaron esta versión por la que para nosotros ha pasado a ser la clásica, en la que Edipo tiene hijos con su propia madre. Eurípides mantiene esta variante, pero con la particularidad de que Yocasta no se suicida al saber la verdad sobre Edipo y sigue con vida cuando sus hijos se enfrentan entre ellos.

No nos olvidemos tampoco de la Esfinge, que da título al drama de sátiros que completaba la tetralogía esquilea de la que *Siete contra Tebas* formaba parte. La versión común del mito dice que, tras abandonar Corinto camino de Tebas para tratar de evitar el cumplimiento del oráculo, y después de dar muerte a su verdadero padre, Edipo se encuentra con la Esfinge, que tenía aterrada a la ciudad de Tebas. Logra resolver el famoso enigma (¿qué ser camina por la mañana con cuatro patas, al mediodía con dos y al final del día con tres?) y obtiene como recompensa el trono de Tebas y el lecho de la reina

78. *Od.* XI 271ss.
79. Sobre Eurigania como madre de los hijos de Edipo, véase la versión de Estesícoro y el comentario de la misma en Morenilla Talens y Bañuls Oller 1991.

Yocasta, ahora viuda. Este es el mito tal como lo conocemos, pero, de nuevo, no sabemos nada sobre el argumento concreto de *La Esfinge* de Esquilo.

Este brevísimo resumen de la saga no es, sin embargo, ni siquiera un mínimo común denominador de lo que los griegos contaban de esta historia tebana. En las diferentes versiones del mito griego cada detalle estaba sujeto a innovaciones en función del autor, el género poético y su época y circunstancias. No podemos saber cómo desarrolló Esquilo la historia en *Layo* y *Edipo*, pero tampoco, por ejemplo —y esto es muy importante para entender *Siete contra Tebas*—, en qué consistía la maldición que Edipo había lanzado sobre sus hijos y cómo iba a sustanciarse. De ahí surgen algunos de los problemas que esta pieza ha planteado, como por ejemplo si Eteocles era libre o no de elegir enfrentarse a Polinices. La respuesta podría ser que sí y no, y este es un asunto central al que volveré y que explica hasta qué punto el poeta tenía margen para infundir miedo y piedad en los espectadores a pesar de tratar temas conocidos que, aparentemente, no podían causar grandes sorpresas.

La evocación del pasado por parte del coro en el segundo estásimo (tercer canto coral) de *Siete contra Tebas* resulta muy útil para tratar de adivinar cómo habría planteado las cosas Esquilo en las piezas precedentes de la trilogía. Ahí leemos, en referencia a Layo, que, «forzado por las irreflexiones propias de los suyos, engendró su propio destino, al parricida Edipo»[80]; es decir, engendró a

80. A. *Th.* 750-2.

Edipo en Yocasta y lo hizo en un estado de consciencia no plena, aunque tampoco de completa ignorancia[81]. Layo sabe lo que hace, pero no es plenamente consciente de las consecuencias, o cree que quizá pueda escapar a ellas. Tal vez lo mismo ocurrió con el *Edipo* de Esquilo. Que Edipo mata a su verdadero padre sin saberlo y se une ignorante a su verdadera madre es lo que se cuenta en la versión de Só-focles, para nosotros canónica, de modo que se nos hace difícil imaginar un escenario en el que Edipo, como su pa-dre Layo, conoce lo que no tiene que hacer, pero lo hace igualmente, creyendo que podrá en última instancia li-brarse de las consecuencias. Imaginemos que Edipo reci-be la mano de Yocasta como premio por librar a los teba-nos de la Esfinge. Ella no sabe quién es él, pero él sí sabe quién es ella. Luego da un paso más, y «se atreve» a sem-brar la sagrada tierra materna. Es lo que parece sugerir la continuación de los versos antes mencionados:

> Forzado por las irreflexiones propias de los suyos, engendró su propio destino, al parricida Edipo, que, en la sagrada tie-rra de su madre, en la que él había crecido, se atrevió [*étlā*] a sembrar una raíz ensangrentada: un pensamiento irracio-nal, extraviado, se apoderó de los esposos[82].

Según algunos estudiosos, los esposos (*nymphíous*) de los que se habla en el verso 757, a los que la locura hizo

81. Bañuls Oller y Morenilla Talens 2008: 75. La traducción de estos dos versos está tomada de este mismo artículo.
82. A. *Th*. 753-757.

unirse, no son Edipo y Yocasta, como cabría esperar, sino Layo y su mujer; según otros, en cambio, se sigue hablando de Edipo y Yocasta −lo cual parece lógico por el contexto− y lo que ocurre es que Edipo aceptó de los tebanos el premio de acceder al trono como esposo de Yocasta y llegó al extremo de unirse a ella. El verbo «se atrevió» (*étlā*), estratégicamente colocado al inicio del verso, causaría un enorme impacto en el público. Edipo, como Layo, se habría atrevido a desafiar al oráculo y solo más tarde se daría plena cuenta de las consecuencias de su acción. Así leemos un poco más adelante: «pero una vez que fue, desdichado, plenamente consciente de sus desdichadas bodas [...]»[83]. Quienes mantienen que Edipo se unió a Yocasta sin saber que era su madre, se ciñen a la historia que conocemos por Sófocles e interpretan el verso 757 como referido a Layo; en cambio, es defendible (y, en mi opinión, más persuasiva) la idea de que siempre se está hablando de Edipo y el término *artíphrōn* no quiere decir solo «consciente», sino «plenamente consciente». Es decir, tanto Edipo como su padre saben lo que hacen, pero se dejan llevar esperando equivocadamente poder evitar las consecuencias de sus acciones.

La cuestión del saber y no saber en la tragedia es muy debatida y excede los límites de este ensayo, pero no quisiera dejar de mencionar estas palabras de Simon Critchley sobre Edipo en concreto:

83. A. *Th*. 778-779.

Edipo conocía la maldición. Y, por supuesto, es en el camino de vuelta del oráculo cuando se encuentra con un hombre mayor que, de hecho, se parece mucho a él, como Yocasta, de manera inadvertida y casi cómica, admite más tarde en la obra (v. 742), que se niega a cederle el paso en un cruce y al que mata en un excelente ejemplo de disputa de carretera. Uno podría pensar que, dadas las terribles noticias del oráculo y dada su incertidumbre sobre la identidad de su padre (a Edipo lo había llamado bastardo un borracho en un banquete, lo que instiló en su mente por primera vez la duda), podría haber actuado con cautela antes de decidir matar a un anciano que, al parecer, se le parecía.

Una lección de la tragedia, pues, es que nosotros mismos conspiramos con nuestro destino. Es decir, el destino necesita nuestra libertad para caer sobre nosotros. La contradicción nuclear de la tragedia es que *sabemos y, al mismo tiempo, no sabemos, y en el proceso somos destruidos*[84].

Hechas todas estas aclaraciones sobre lo que sabemos y lo que no sabemos del modo en el que Esquilo abordaría el mito tebano en su trilogía, podemos centrarnos ya en la tragedia conservada, en *Siete contra Tebas*, en la que los dos hijos varones de Edipo, Eteocles y Polinices, se destruyen mutuamente. En el retrato que el poeta hace de los bandos enfrentados –los defensores de Tebas por un lado, con Eteocles a la cabeza, y, por el otro, los atacantes argivos, comandados por Polinices– podemos se-

---

84. Critchley 2019: 13. Cursiva del autor.

guir encontrando elementos para reflexionar sobre los mecanismos de construcción de la identidad y de la alteridad. Como hemos visto a propósito de *Persas*, la construcción de la identidad griega se ha estudiado sobre todo en relación con la visión helena de los orientales como bárbaros, que se habría inaugurado o intensificado con las guerras médicas. Aunque ya hemos advertido de que la obra de Esquilo no puede enmarcarse en ese discurso, ya que un estudio con perspectiva histórica nos obliga a admitir que en la primera parte del siglo v a. C. no nos encontramos todavía ejemplos de eso que ahora llamamos orientalismo, esto no quiere decir que los mecanismos de construcción de identidades –la oposición de un «nosotros» a un «otro»– no estén presentes en su obra. En *Siete contra Tebas*, este mecanismo se despliega sirviéndose del mito de la autoctonía.

Si el mito de la autoctonía ateniense es bien conocido y ha sido estudiado en detalle[85], no menos importante es el mito de la autoctonía tebana, según el cual los descendientes de su fundador, Cadmo, habrían nacido de la tierra. En los dos casos se trata de reclamar el derecho sobre una tierra determinada haciendo a sus habitantes «autóctonos» en el sentido literal: nacidos de la propia tierra. El caso ateniense es muy conocido ya que se conservan diversas variantes literarias, así como testimonios iconográficos, del nacimiento de Erictonio, uno de los

---

85. El estudio de referencia sobre la autoctonía ateniense es Loraux 1984. Véase también Leâo 2021.

primeros reyes de Atenas. La versión canónica de la historia contaba que Hefesto, deseando unirse a una Atenea que lo rechazaba, la persiguió y llegó a eyacular en la pierna de la diosa, que inmediatamente limpió el semen con un pedazo de lana que después arrojó a la tierra. De ahí, directamente de la tierra, brotaría Erictonio. A pesar de su rechazo a Hefesto, Atenea acogería a Erictonio bajo su protección, según se ve en numerosas representaciones cerámicas.

El mito de autoctonía ateniense se consolidó en el siglo v a. C., cuando la ciudad estaba construyendo su imperio y necesitaba sostener ideológicamente el carácter natural y necesario de su hegemonía. Este mito tiene dos significados, uno «suave», para referirse a un pueblo que desde siempre habita una misma tierra, es decir, que no ha sido ni colono ni invasor; y otro «fuerte», para decir que sus habitantes han nacido de la tierra. Así, Tucídides, aunque no emplea el término «autóctono», dice que «desde los tiempos más remotos el Ática, a causa de la pobreza de su suelo, estuvo siempre habitada por los mismos hombres sin sufrir desórdenes»[86]. De esta idea «suave» que encontramos en el historiador se pasa al uso «fuerte» o propagandístico, una evolución a la que contribuyó la tradición que ya en Homero[87] hacía de los atenienses un pueblo descendiente de Erecteo, una figura que, como la de Erictonio, contribuía a crear una

86. Th. I.2.5.
87. *Il*. 2.546-548.

Vaso de figuras rojas que recrea el nacimiento de Erictonio. Museo Arqueológico Nacional, Palermo.

fuerte conexión con la idea de «haber nacido de la tierra».

Erecteo era un héroe ateniense, nacido de Hefesto y de la Tierra, ligado a los orígenes de la ciudad. Erictonio fue uno de los primeros reyes de Atenas y su leyenda se ha confundido con la de Erecteo. Si bien este mito era independiente del de autoctonía y tuvo una difusión muy precoz en términos de culto y en la iconografía de la cerámica ática, contribuyó al desarrollo de una idea amplia del término «autóctono», favoreciendo la imagen de una ligazón con la tierra.

Por lo que se refiere a Tebas, el mito contaba que los primeros habitantes de la Cadmea, descendientes de Cadmo, habían nacido de la tierra, de los dientes de un dragón que el héroe había sembrado. Los tebanos son presentados en *Siete contra Tebas* como autóctonos frente a unos agresores argivos que aparecen como «otros» extranjeros. La idea de la «autoctonía» de los primeros habitantes de la Cadmea funciona, pues, a pleno rendimiento en *Siete contra Tebas* como un elemento de cohesión y caracterización de los tebanos frente a un pueblo, el de los argivos, que es también heleno, pero que se construye barbarizándolo.

Así, Eteocles anima a los ciudadanos de Tebas diciéndoles «a pie firme en las salidas de las puertas, tened valor, sin temer demasiado a la tropa de extranjeros. La divinidad hará que acabe bien»[88]. Más adelante, es el coro

88. A. *Th*. 33-35.

el que se refiere al ejército invasor mientras pide ayuda a los dioses haciendo referencia de nuevo a su forma distinta de hablar: «No entreguéis a la ciudad que pone su empeño en la lanza a un ejército de acento diferente»[89]. En estos pasajes se señala el carácter extranjero de los atacantes tanto con el sustantivo *épēlys*, «que viene de fuera, extranjero», como con la alusión al empleo de una lengua diferente y, aunque Esquilo era perfectamente conocedor de las diferencias dialectales entre las diferentes regiones de la Hélade, aquí se trata de resaltar este detalle para construir la alteridad de los atacantes.

Frente al ejército «extranjero», lo que une a los tebanos es su carácter autóctono. Así, del tebano Melanipo se dice que es «de los hombres sembrados» (es decir, de aquellos nacidos de los dientes del dragón que Cadmo sembró), que es «absolutamente de la tierra» y que la Justicia lo ha enviado «para que aleje la espada enemiga de la madre que le dio el ser»[90]. Y así se dice de Megareo «semilla de Creonte, del linaje de los sembrados»[91], héroe que se enfrenta al argivo Eteoclo, cuyos caballos «hablan» la lengua de los bárbaros: «Te lo diré: el tercero es Eteoclo [...], hace dar vueltas a sus caballos que braman embridados, deseosos de haberse arrojado ya contra las puertas: las muserolas silban un tono bárbaro llenas con sus ollares hinchados de aliento»[92].

89. A. *Th*. 169-170.
90. A. *Th*. 412-416.
91. A. *Th*. 474.
92. A. *Th*. 458-464.

Naturalmente, no es necesario creer que los cadmeos hayan nacido de la tierra para que el mito «funcione». Los mitos de autoctonía pueden ser definidos, en términos de Slavoj Žižek, como una «fantasía ideológica»[93]. Es decir, se trata de ignorar, no la realidad, sino la ilusión que está estructurando esa realidad: se sabe perfectamente que los cadmeos no han nacido de la tierra, pero la ilusión que permite pensarlo permanece, es inconscientemente aceptada y se le permite dar forma a la realidad. En eso consiste la «fantasía ideológica». Lo que me interesa subrayar, pues, es que el mecanismo general de construcción de la identidad y la alteridad funciona en *Siete contra Tebas*, y lo hace en un modo no extravagante, sino como siempre lo ha hecho, evidenciando (y creando) diferencias. En este caso particular, los argivos de *Siete contra Tebas* aparecen como «más bárbaros» que los persas de *Persas*.

El ejército argivo, aunque heleno como el tebano, es descrito como casi bárbaro, mientras que para la construcción de la identidad tebana se recurre al mito de autoctonía. Con *Suplicantes*, como ahora veremos, se vuelve a la confrontación entre Occidente y Oriente, aunque con matices, como ya hemos visto que ocurre en *Persas*.

---

93. Žižek 1989: 32-33. Véase Rader 2009 para el estudio del empleo del mito de autoctonía en *Siete contra Tebas*.

Orientalismo en *Suplicantes*

Suplicantes es una tragedia rodeada de muchos interrogantes. No hay certeza de cuándo fue representada, ni sabemos el lugar que ocupaba dentro de su tetralogía, ni cómo desarrollaba Esquilo el mito en el que se enmarca, el de las cincuenta hijas de Dánao. Pero, para adentrarnos en ella, podemos recorrer el hilo que nos ofrece la propia obra.

Suplicantes presenta a un grupo de muchachas, las Danaides, que llegan a Argos junto con su padre huyendo de una unión indeseada con sus primos, los cincuenta hijos de Egipto. A su llegada a Argos, invocan a Zeus como protector y a Ío como su antepasada, evocando una leyenda que estará presente a lo largo de la obra: Zeus se había unido a una sacerdotisa de Hera (Ío), que sería transformada en novilla y atormentada por la celosa consorte del soberano del Olimpo. Pero Ío acaba pariendo a Épafo, que será padre de Belo, quien será a su vez padre de Dánao y de Egipto. Así, las hijas de Dánao, aunque extranjeras, pueden presentarse como descendientes de Zeus y de la argiva Ío. El rey de Argos, Pelasgo, a quien las doncellas piden asilo y protección, trata de informarse de las causas por las que las Danaides huyen horrorizadas de esta unión (decir «matrimonio» puede llevar a error, como luego veremos) con sus primos. El soberano tiene que ir con cuidado, ya que, si bien ignorar al suplicante es un grave acto de impiedad, acoger la solicitud de las hijas de Dánao, si esta no tuviera una base justa, podría acarrear la guerra a su ciudad. Mediante una votación democrática, la asamblea de argivos decide conceder asilo a las muchachas y convertirlas en *métoikoi*, «metecas», es decir, residentes con derechos. Pero la alegría de las suplicantes dura poco, porque, apenas recibida esta noticia, su padre advierte que el barco con los hijos de Egipto ha llegado a Argos. Las Danaides son violentamente amenazadas por el heraldo de los recién llegados, pero el propio rey Pelasgo acude en su ayuda y lo expulsa. La obra concluye dejando al público en la incertidumbre de la resolución de la trama. Por supuesto, el público de entonces solo tendría que esperar a ver las otras dos piezas de la trilogía, pero nosotros, que no las conservamos, quedamos en vilo y sin saber cómo habría resuelto Esquilo el nudo.

En cuanto a la fecha en la que se llevó a escena esta pieza y el resto de la tetralogía, durante mucho tiempo fue un lugar común sostener que *Suplicantes* constituía la tragedia más antigua conservada de Esquilo. Los estudiosos se basaban en el papel central del coro y en rasgos estructurales y de lengua que parecían revelar su arcaísmo. Sin embargo, en 1952 se publicó un texto en papiro (*Oxyrhynchus Papyrus* 2256) de en torno al 200 d. C., uno de cuyos fragmentos se hace eco de una *hypóthesis* con información sobre los resultados de las competiciones trágicas en las Grandes Dionisias. Se dice que Esquilo, en una competición en la que Sófocles quedó en segundo lugar, obtuvo la victoria con una tetralogía que incluía en tercer lugar *Danaides* y, como drama de sátiros, *Amimone*. Los cálculos que tienen en cuenta cuándo pudieron coincidir Sófocles y Esquilo con victoria de este último, con una fecha *ante quem non* marcada por el comienzo de la carrera de Sófocles y una fecha *post quem non* marcada por la victoria de Esquilo con la trilogía de la *Orestía*, y eliminando fechas en las que Esquilo no ganó o ganó con otras obras, como la trilogía tebana, han dejado como fecha probable para la representación de *Suplicantes* el año 463 a. C.

Como *Siete contra Tebas*, *Suplicantes* forma parte de una trilogía encadenada. Hay bastante acuerdo, aunque sin unanimidad, en que era la primera pieza de la trilogía, seguida por *Egipcios*, de la que solo conservamos una palabra, y *Danaides*[94]. De esta última, que, sin discusión, cerraba la trilogía, se conservan tres fragmentos, uno de ellos especialmente interesante. Se trata del fragmento 44, que recoge siete líneas pronunciadas por Afrodita:

Desea (ἐρᾶι) el sagrado Urano penetrar a la Tierra,
y el Eros (ἔρως) de la unión sexual se apodera de Gea.
Cae la lluvia de Urano que fluye en abundancia
y fecunda a Gea y ella engendra para los mortales
pastos de ganado y el fruto de Deméter,

---

94. Aunque los defensores de que *Egipcios* era la primera pieza de la trilogía son pocos, deben ser mencionados por tratarse de estudiosos muy relevantes en el estudio de Esquilo. Se trata de Wolfgang Rösler y Alan Sommerstein, que mantienen que *Egipcios*, desarrollada en Egipto, abría la trilogía y escenificaba la pelea entre Dánao y Egipto.

y la sazón de los árboles. De las húmedas bodas
llega todo cumplimiento. De ello yo soy, en parte, la causa.

Es obvio que en estos versos se refleja el triunfo de la
persuasión, que es lo que las Danaides reclaman; una
unión basada en la reciprocidad, como se ve en el paralelismo de los dos primeros versos de este fragmento, que
comienzan con la raíz de Eros: Urano desea y la Tierra
desea.

El drama de sátiros que se añadía a la representación
de la trilogía, *Amimone*, que tampoco se conserva, dra-
matizaría algún momento del episodio mítico en el que
una de las cincuenta Danaides –la que llevaba por nombre Amimone– era enviada a buscar agua y se veía acosada por un sátiro. Posidón acudiría en su defensa y, posteriormente, se uniría a ella. El argumento lo conocemos
por la *Biblioteca* de Apolodoro[95]. El episodio, con toda
seguridad adaptado por Esquilo al contexto del resto de
las obras, presentaría una oposición entre la violencia
del sátiro y la persuasión de Posidón.

Tratar de reconstruir la trilogía es trabajo baldío. No
tenemos apenas nada del resto de piezas y hay que asumir el carácter hipotético de cada detalle. Sería como
querer reconstruir la *Orestía* si conserváramos solo *Agamenón*. Además, las fuentes previas son escasísimas. Del
poema épico *Danaida*, de finales del siglo VII, o inicios
del VI a. C., solo se conserva un fragmento de dos versos

95. Apollod. II 1.4-5. Sobre este episodio, vid. Sutton 1974.

transmitido por Clemente de Alejandría: «Y entonces se armaron rápidamente las hijas de Dánao frente al río de hermosas corrientes, el soberano Nilo»[96]. Podemos reconstruir el poema imaginando unas amazónicas Danaides, preparándose ya para matar a sus esposos, o podemos pensar en una guerra en la que ellas se defenderían de sus atacantes. No debería obviarse, en cualquier caso, el contexto en el que Clemente transmite la cita, en el marco de un relato de hazañas femeninas donde se habla de las mujeres argivas y de cómo se enfrentaron a los espartanos, con Telesila a la cabeza[97], momento en el que Clemente dice que algo similar afirma de las hijas de Dánao el autor de la *Danaida*.

Contamos también con *Prometeo*, tragedia de la que pueden obtenerse datos sobre el mito de las Danaides. En esta pieza, uno de los personajes que visita al Titán es Ío, metamorfoseada en vaca y perseguida por el tábano. Prometeo le habla de su futuro, del nacimiento de Épafo y, después, de las cincuenta doncellas. Como en *Suplicantes*, se emplea la imagen de un halcón tratando de dar alcance a las palomas para describir la persecución que las hijas de Dánao sufren por parte de los Egipcios[98].

Algunos señalan que Esquilo tiende a mostrar en sus trilogías un desarrollo de los acontecimientos que culmina en algún tipo de resolución y perspectiva optimis-

---

96. καὶ τότ' ἄρ' ὡπλίζοντο θοῶς Δαναοῖο θύγατρες / πρόσθεν ἐϋρρεῖος ποταμοῦ Νείλοιο ἄνακτος. Edición de Tsagalis 2017.
97. Sobre Telesila, Plutarco, *La excelencia de las mujeres* 245C-F.
98. A. *Pr.* 857 y A. *Supp.* 223-4.

ta[99]. Si así fuera, podríamos pensar que las Danaides, tras vengarse de sus violentas parejas dándoles muerte con apoyo de su padre, sufrirían algún proceso de purificación –como ocurre con Orestes en *Orestía*– y acabarían uniéndose, bajo el signo de Persuasión (*Peithô*), con esposos más presentables. Píndaro, contemporáneo a Esquilo, relata cómo Dánao ofreció a sus cuarenta y ocho hijas (descontemos a Hipermestra, la única de las Danaides que perdonó a su pareja, Linceo, y a Amimone, seducida por Posidón) a los vencedores en una carrera[100], pero no menciona el crimen anterior y se da por hecho que las hijas de Dánao están solteras. Por supuesto, que no se mencione la muerte de los Egipcios no quiere decir que se niegue esa tradición, sino únicamente que no es importante para el caso. Lo relevante es el hecho de que las muchachas están en disposición de casarse, algo que sería imposible tanto si siguieran unidas a los Egipcios como si los hubieran matado y no hubieran pasado posteriormente por una purificación.

En otros relatos que han llegado a nosotros, las hijas de Dánao terminan en el Hades sufriendo un castigo semejante al de Sísifo –condenado a subir una piedra a lo alto de una cima una y otra vez– o el de Tántalo –que no podía satisfacer jamás su sed ni su hambre–: las Danaides debían llenar constantemente cántaros agujereados en su fondo. Es difícil no leer la obra de Esquilo con este

99. Papadopoulou 2011: 14.
100. Pi. *Pítica* 9.112-117.

fin en mente, pero lo cierto es que ese castigo, que fue célebre en la época romana, es una adición posterior a la historia que se relataba en tiempos de Esquilo, por lo que sabemos que es imposible que él mismo la incorporara en sus piezas. Se ha sugerido que esa tradición pudo nacer precisamente de algún tipo de rito purificatorio por el que las hijas de Dánao deberían haber pasado tras matar a sus acosadores, del mismo modo que Orestes tuvo que ser purificado tras matar a su madre. En cualquier caso, la historia de las Danaides pagando sus penas en el Hades ha distorsionado enormemente la comprensión de la pieza de Esquilo al provocar, en lectores predispuestos a ello, rechazo hacia sus razones y suspicacia hacia cada una de sus palabras o gestos.

Al igual que hemos visto con *Persas*, también al estudiar esta obra se ha hablado mucho de «orientalismo». Las propias Danaides dan a entender que hablan una lengua extranjera, y Pelasgo, al verlas, piensa que no pueden ser argivas, sino libias, egipcias, chipriotas, indias nómadas cabalgando camellos o amazonas; también su ropa las caracteriza como no griegas, ya que llevan prendas sidonias de lino y damasco. Hay otros detalles más curiosos, como la presencia de un motivo egipcio en la historia de Ío, en concreto, su fecundación por una mezcla de aliento del dios y contacto de su mano (*ex epaphês kax epipnoías*), o el conocimiento que muestra Esquilo del culto del Nilo. Pero, como señala Helen Bacon, lo que hay en esta tragedia es ante todo una demostración del profundo conocimiento que Esquilo tenía de otros pueblos, en este caso Egipto, y los rasgos que introduce para describir a las hijas de Dánao no implican desconsideración[101].

En la misma línea interpretativa que opone Oriente y Occidente, no hay que olvidar otro tema recurrente en los comentarios a esta pieza, que es el del antagonismo entre la democracia ateniense y el despotismo oriental. Se trata especialmente del pasaje en el que el rey Pelasgo les dice a las suplicantes, que le ruegan que les conceda asilo en Argos, que nada puede decidir él sin el voto del pueblo. Con estas palabras está aludiendo a un sistema político democrático, es cierto, y, de hecho, en todos los tratados sobre historia política de Grecia se recuerda que la primera aparición, si no del término «democracia», sí de una expresión muy próxima, se encuentra en esta obra: la decisión de acoger en Argos a las Danaides la tomará «la mano soberana del pueblo», *démou kratoûsa cheír*[102], es decir, se decidirá en asamblea, a mano alzada. Es ciertamente muy relevante que Esquilo atribuya a la Argos mítica un funcionamiento democrático, con la toma de decisiones colocada en manos de la asamblea, y que muestre a las Danaides tan extrañadas, pues no conciben un modo de gobernar que no sea autocrático y presionan a Pelasgo para que, como soberano no sujeto a autoridad alguna, decida sobre ellas sin perder tiempo en consultas. Pero si Pelasgo actúa anacrónicamente

101. Vid. los ejemplos detallados y discutidos en Bacon 1961: 15-63.
102. A. *Supp.* 604.

como un gobernante democrático de la edad de oro ateniense, es también porque tiene dudas y quiere someter el asunto a votación, compartiendo su responsabilidad y las consecuencias de lo que se decida con el conjunto de los ciudadanos. No se trata solo de que la Hélade del mito sea democrática *avant la lettre*, sino de que Pelasgo sabe que la decisión es difícil y tendrá consecuencias graves para la ciudad, por lo que no quiere cargar él solo con la responsabilidad de la decisión de acoger a las Danaides y provocar, quizá, una guerra contra los hijos de Egipto. De manera que, sin restar importancia a este testimonio sobre la historia del término «democracia», no parece que sea suficiente para reducir el análisis de la pieza a una confrontación entre las bondades respectivas de los regímenes políticos de la Hélade y Egipto, de la democracia helena y el despotismo de Oriente.

A lo largo de este capítulo se ha visto que las notas orientalizantes que se observan en las tragedias conservadas de Esquilo, sobre todo en *Persas* y *Suplicantes*, son prueba del conocimiento que el poeta tenía de Persia o Egipto, no detalles introducidos para dotar de un colorido exótico a estas representaciones, ni muchísimo menos intentos de contraponer estos pueblos con una Hélade supuestamente superior. Esquilo enlaza así con el espíritu de la *Ilíada*, el poema con el que el auditorio de la antigua Grecia y los lectores de hoy pueden sentir el dolor y las emociones de griegos y troyanos sin distinguir entre vencedores y vencidos, entre «nosotros» y «los otros».

Es cierto que esta idea no es ni ha sido siempre asumida sin discusión y, además, tiene que competir con otra que coloca a Esquilo, especialmente con *Persas*, en el comienzo de una peligrosa tradición, la que reivindica unos valores (la libertad y la valentía, por encima de todo, pero también la democracia) que los griegos nos habrían transmitido directamente a *nosotros*, valores que se suponen eternos y universales, pero que a la vez se manipulan e instrumentalizan para reivindicar la superioridad de Occidente sobre Oriente. Esta utilización «ahistórica» de lo clásico, promovida el siglo pasado por regímenes totalitarios en Italia y Alemania y denunciada lúcidamente por Salvatore Settis, parece tener una nueva vida en la actualidad. Consiste en apropiarse de una manera simplificada del legado clásico con el único intento de legitimar la superioridad de la civilización occidental frente al resto[103]. Conviene, en cambio, practicar una visión histórica, reconocer en ese mundo clásico un lugar de hecho diferente, «otro», con el que podamos confrontarnos y utilizar para la reflexión. Y haríamos muy bien también reivindicando las palabras de Simone Weil, que, en su estudio sobre la *Ilíada* como «poema de la fuerza», animaba a recuperar el genio de esa épica, en cuya estela está la tragedia de Esquilo, y que ella cifraba en no admirar nunca la fuerza, no odiar a los enemigos y no despreciar a los desdichados[104].

---

103. Settis 2004, especialmente 92-93.
104. Weil 1940-1941: 115.

Por otra parte, la única tragedia conservada de la saga tebana de Esquilo, *Siete contra Tebas*, nos permite reflexionar sobre otro aspecto de la construcción de la identidad: el empleo del mito de la autoctonía para reclamar los derechos sobre la tierra. Se trata de nuevo de una «fantasía ideológica» que tiene numerosos ejemplos a lo largo de la historia y que, por desgracia, sigue funcionando en nuestra época, la más globalizada jamás vista y, paradójica y simultáneamente, la que de manera más feroz e inhumana defiende las fronteras. En *Siete contra Tebas* la autoctonía no constituye el tema nuclear de la tragedia, pero su empleo para caracterizar al ejército que defiende las puertas de la ciudad es ilustrativo de cómo funciona esta idea.

2. No hay gloria para las mujeres en la guerra

En la guerra, los hombres alcanzan la gloria de la victoria, o la muerte, que también puede ser gloriosa. Al menos es de esto de lo que más hablan los héroes griegos, aunque es cierto también que existía un destino que ha quedado en una zona gris mucho menos estudiada, y que podía ser peor que la muerte: el de los heridos y prisioneros de guerra. En los relatos antiguos, en cambio, las mujeres permanecen a la espera, alejadas siempre de esa gloria, mientras la guerra se desarrolla. Es una espera nada envidiable: si se trata de una guerra imperialista, lejos del hogar, aguardan angustiadas, deseando ver a sus maridos volver a casa con vida; y la aflicción es todavía mayor si la guerra está a las puertas de la ciudad, pues entonces las mujeres tiemblan ante la posibilidad de que un ejército invasor las convierta en esclavas sexuales. Empezando por la *Ilíada*, este poema está sembrado de personajes femeninos en situaciones como las descritas y, entre ellos, destaca la figura de Andrómaca, que esperaba ver regresar a Héctor del campo de batalla y ordenaba a las esclavas que le tuvieran preparado un baño caliente, sin saber que su esposo ya no regresaría jamás con vida. Como decía Simone Weil, casi toda la *Ilíada* transcurre lejos de los baños calientes, casi toda la vida de los hombres y mujeres transcurre, por desgracia, lejos de los baños calientes[1]. Andrómaca pasará a ser botín de guerra de los griegos vencedores y se verá arrastrada por la fuerza lejos de su tierra, Troya.

De todo esto el poeta y soldado Esquilo da también noticias en sus tragedias, en las que aparecen tanto personajes femeninos en una espera angustiada, preocupados por la suerte de los hombres que se han ido a la guerra, como mujeres igualmente angustiadas ante la perspectiva de caer en las manos de un ejército extranjero. En un pasaje muy conocido de *Persas*, cuando se describe el comienzo de la batalla de Salamina, nos encontramos lo que se conoce como canto de liberación de los griegos, una arenga con la que los helenos se lanzaron al combate y en la que la libertad de las mujeres es también evocada: «Vamos, hijos de los helenos, mantened libre la patria, mantened libres a vuestros hijos, mujeres y las sedes de los dioses patrios y las tumbas de los antepasados: ahora se combate por todo esto»[2]. Esa libertad no era la

1. Weil 1940-1941: 75.
2. A. *Pers.* 402-405.

misma, obviamente, para hombres y mujeres, pero convertirse en botín del enemigo era para las mujeres la peor pesadilla. En este capítulo veremos las dos perspectivas de la guerra según la experiencia de las mujeres: el dolor de las esposas de los persas vencidos en Salamina (*Persas*) y la angustia de las jóvenes tebanas ante la amenaza de ser botín de guerra de los argivos (*Siete contra Tebas*).

A la espera de noticias

Cuando Agamenón regresa de Troya, Clitemnestra lo recibe con unos versos que exponen de manera magistral los miedos de una mujer a la espera de noticias de un marido ausente, en una guerra en tierra extranjera:

Es una desgracia espantosa que la mujer, sin marido, quede sola en casa, oyendo muchos rumores maliciosos, y que uno venga y otro añada otra desgracia peor que la anterior propalándola por el palacio. Y si este hombre [Agamenón] hubiera recibido tantas heridas como el rumor vertía en casa, tendría ya más agujeros que una red. Y si hubiera muerto tantas veces cuantas las habladurías se multiplicaban, podría ufanarse, como segundo Gerión de tres cuerpos, de haber recibido un triple manto de tierra [...]. Las fuentes caudalosas de mi llanto se han secado, y no queda ni una lágrima. Mis ojos, que tarde duermen, los tengo dañados de llorar por las antorchas sostenidas por ti, siempre en vano esperadas. Durante el sueño me despertaba por los ligeros vuelos de un mosquito que zumbara, pues veía en torno a ti más padecimientos que el tiempo que duraba mi sueño[3].

Estas palabras son interpretadas habitualmente como una muestra de la falsedad de Clitemnestra, pero no por ello dejan de ser un reflejo de lo que realmente pasaría por la mente de las mujeres en tiempo de guerra. Menciona la reina en *Orestía* los rumores que llegan, la inquietud, las lágrimas derramadas, las noches en vela. Es justo ver, en imágenes como aquella en la que dice que si Agamenón hubiera recibido tantas heridas como decían las habladurías su cuerpo tendría más agujeros que una red, una malvada alusión a la red en la que ella misma lo envolverá para matarlo, pero es posible también pensar que esos miedos, si no eran exactamente los que ella sentía, sí resultarían muy familiares al público. De hecho, el propio coro dice que en cada casa se recuerda al que se fue a luchar y se lamenta que, por culpa de Ares, el «cambista de cadáveres»[4], en vez de hombres vuelvan urnas y cenizas. Se alude así al descontento del pueblo incluso cuando sus reyes vuelven victoriosos. En las palabras de Clitemnestra, por lo tanto, hay verdad, aunque sea irónica: Clitemnestra está, de hecho, contenta de que Agamenón haya vuelto, ya que no querría que hubiera muerto a manos de otros.

3. A. *A*. 861-873 y 887-894. Traducción de Ramos Jurado (Madrid: Alianza Editorial, 2017).
4. A. *A*. 434-437.

Esta angustia de las mujeres no es una preocupación que le resulte indiferente a Esquilo. En sus tragedias encontramos huellas evidentes de cómo a este poeta de la guerra le preocupó reflejar el modo en el que esta se vivía por parte de las mujeres, por parte de quienes, aun sin combatir, iban a sufrir igualmente las consecuencias de las batallas, las victorias y las derrotas. En *Persas*, pondrá en boca del coro de ancianos referencias a las jóvenes esposas que se angustian a medida que los días pasan y no llegan noticias de sus maridos; en *Siete contra Tebas* la perspectiva será diferente, no solo porque la guerra amenaza las puertas de la ciudad, sino porque son las jovencísimas muchachas de Tebas las que integran el coro y muestran de una manera muy clara su terror ante la posibilidad de que la ciudad sea tomada y ellas se conviertan en botín y en víctimas de violencia sexual.

Estos asuntos, que, sobre todo en el caso de *Siete contra Tebas*, parecen muy evidentes, han sido ignorados de manera general en los estudios sobre Esquilo. Un ejemplo muy valioso lo encontramos en una obra de referencia en la historia de la filología clásica, *Paideia: los ideales de la cultura griega*, de Werner Jaeger, publicada originalmente en tres volúmenes entre 1934 y 1947. Jaeger señalaba que, aunque el mito sigue siendo parte de la tragedia, lo es de un modo distinto a como lo emplearon los poetas épicos y líricos: «Por primera vez el drama convierte en principio informador de su construcción entera la idea del destino humano, con todos sus inevitables ascensos y descensos, con todas sus peripecias y catástrofes»[5]. Con esta afirmación, que todos podemos compartir en sustancia, Jaeger coloca en el centro de la tragedia la condición humana y su destino. Pero sucede que, en la práctica y en no pocas ocasiones, este mismo autor olvida a la mitad de la humanidad y se muestra ciego ante su destino. Así, hablando de *Siete contra Tebas*, una pieza «llena de Ares», minimiza el papel del coro y afirma:

> [El coro] introduce solo el elemento tradicional del lamento y el terror trágicos que forma la atmósfera de la tragedia. Está constituido solamente por mujeres y niños presas del pánico en el seno de la ciudad sitiada. Sobre el fondo del terror femenino se levanta la figura del héroe mediante la grave y superior fuerza de su conducta viril[6].

En estas palabras encontramos una idea repetida a lo largo de los casi cien años que separan el texto de Jaeger de los comentarios actuales: el coro femenino manifiesta un comportamiento histérico, que puede ser comprensible y quizá hasta disculpable, pero que resulta ineficaz ante la amenaza militar que sufre Tebas. Frente al coro de mujeres histéricas se erige la actitud serena, «viril» y responsable de Eteocles, el defensor de la ciudad. Como veremos, esta concepción resulta simplista y profundamente equivocada, además de no hacer justicia a la

5. Jaeger 1962: 236.
6. Jaeger 1962: 243.

densidad de la tragedia de Esquilo, ni a su sensibilidad hacia la situación de las víctimas de las guerras, incluidas las mujeres. La mirada condescendiente de los estudiosos puede llevar incluso a errores que no se dejarían pasar por alto en ningún otro contexto, como el de decir que el coro de esta obra lo formaban mujeres y niños. Los coros de las tragedias eran uniformes, no había mezcla en ellos de sexos o edades, y solo una perspectiva que considere a las mujeres como la parte infantil de la sociedad puede inducir a una confusión de este tipo y a desdeñar el papel crucial que tiene el coro en esta pieza, como se verá especialmente al final de este capítulo.

Habrosyne: la dulzura del yugo matrimonial

Se ha estudiado mucho el léxico y la simbología visual de las tragedias de Esquilo, es decir, los términos e imágenes que contribuyen a dar unidad a cada una de las tragedias[7]. En *Persas* se ha señalado la abundancia de expresiones que enfatizan la «multitud» y «masa» del ejército persa; las repetidas referencias al lujo; las metáforas sobre el día y la noche para describir el progreso de la batalla; la figura de la reina Atosa como elemento que confiere unidad a toda la trama; las metáforas florales para describir la juventud perdida; las imágenes relacionadas

---

7. Anderson 1972 para un estudio general, aunque muy conciso, de las imágenes en *Persas*.

con el mar, con la idea de círculo –la táctica envolvente de la batalla– con el arco como emblema de Asia o con el yugo como símbolo del poder político.

Centrémonos en esta última, en la imagen del yugo, pero no solo en el yugo de la esclavitud que Jerjes trató de imponer, sin éxito, a Grecia, sino en un par de ocasiones en las que «yugo» (*zygón*) aparece en el contexto de la unión matrimonial y que cobran fuerza precisamente por el valor de este término como elemento clave de la pieza.

Para contextualizar estos dos ejemplos, recordemos que la metáfora del yugo aparece en *Persas* por primera vez muy al inicio de la obra, cuando el poeta dice que aquellos que viven cerca del Tmolo, un monte de Lidia, están dispuestos a «echar sobre la Hélade el yugo de la esclavitud»[8]. Muy poco después se encuentra un nuevo uso de la metáfora que ha llamado especialmente la atención porque se coloca sobre una fuerza tan poco subyugable como el mar: el ejército de Jerjes ha atravesado el Helesponto sobre un puente de barcas atadas con cuerdas, a modo de «yugo colocado sobre el cuello del mar»[9]. La siguiente mención del yugo se encuentra en el primer episodio, cuando la reina Atosa, angustiada, pide consejo a los fieles ancianos y les cuenta que desde que su hijo partió la visitan sueños inquietantes, pero ninguno como el de la noche anterior: dos hermanas de una

8. A. *Pers*. 50.
9. A. *Pers*. 71.

misma estirpe, imponentes por estatura y belleza, una que habita en la Hélade y otra en la tierra bárbara, están en discordia y Jerjes trata de imponer un yugo sobre su cuello[10]. Una de ellas lo acepta, la otra destroza el arnés y el yugo. Finalmente, en el tercer episodio, el de la evocación del rey Darío, este le pregunta a Atosa cómo consiguió Jerjes atravesar el estrecho del Helesponto, y la reina le responde con la imagen antes mencionada: se abrió camino colocando un yugo mediante artificios en el mar[11]. Estas son las apariciones de la metáfora del yugo habitualmente estudiadas en *Persas*, que Anderson resume en esta enumeración: «El yugo de la esclavitud, el yugo sobre el mar, la muchacha que se revuelve contra el arnés, el insulto al poderoso Posidón, todo ello se combina para formar un patrón poético acumulativo cuyo significado actúa, no sobre la razón, sino sobre la imaginación»[12].

Pero hay dos apariciones más del término «yugo» (*zygón*) que han pasado desapercibidas y que merecen atención. Son los términos «mono-yugo» –empleado en el verso 137 de la *párodos*– y «reciente-yugo» –en el verso 542 del primer estásimo–, en los que se hace referencia al lecho de las mujeres persas que se han visto privadas de sus jóvenes esposos. En el primer caso se afirma que, al estar sus maridos combatiendo en la Hélade, las mujeres quedan en sus lechos «unidas a nadie», o «bajo un

10. A. *Pers*. 190-192.
11. A. *Pers*. 722.
12. Anderson 1972: 168.

yugo que une a una única persona», en el sentido de que las mujeres persas duermen solas. En el segundo, se dice que el lecho es «un yugo reciente», en alusión a la cercanía temporal de estas bodas. Estas imágenes son muy relevantes porque reflejan la importancia que concede Esquilo a uno de los aspectos de la vida sobre los que la guerra provoca una devastación absoluta: la destrucción del núcleo familiar[13]. El poeta atiende al sufrimiento de estas jóvenes esposas persas y podemos ver desde su perspectiva a la juventud de guerreros que ha acompañado a Jerjes en su expedición.

Empecemos por el pasaje en el que aparece por primera vez la imagen del yugo del matrimonio: está en la *párodos*, cuando el coro dice lo siguiente de las esposas persas:

Se llenan los lechos de lágrimas por la añoranza de los esposos. Las mujeres persas, lamentándose dulcemente por la añoranza del hombre amado, cada una de ellas ha quedado sola, unida a nadie [*monózyx*, μονόζυξ], después de despedir al impetuoso esposo combatiente de lanza[14].

13. Los versos 140-154 suelen ser considerados parte de la *párodos*; no lo entiende así Garvie 2009, que opina que la *párodos* se cierra en el verso 139 y en adelante comienza un nuevo episodio. Si así fuera, el canto de entrada se cerraría con el término «mono-yugo», lo cual sería muy significativo en cuanto que indicaría el destino de las mujeres cuando sus esposos son derrotados en una guerra exterior.
14. A. *Pers.* 132-137. Dué 2006: 70-87, señala el carácter erótico de los lamentos por los persas muertos y los precedentes homéricos.

El segundo empleo de esta imagen del yugo se encuentra en el primer estásimo, o canto coral, donde el coro habla de las esposas ahora viudas:

Las esposas persas, con dulce gemido, añorando contemplar el lecho/yugo reciente [*artizygía*, ἀρτιζυγία] de sus esposos, abandonando los lechos nupciales de suaves cobertores, delicias de una tierna juventud, se lamentan con gemidos insaciables[15].

Este pasaje comparte además con el anterior la aparición del término *habrosýnē*, que puede significar «delicadeza», «abundancia» u «opulencia», y que tiene una importancia enorme en el contexto de estas imágenes del matrimonio y el yugo roto por la guerra.

Es cierto que hay abundantes pruebas en la literatura griega de una asociación, con sentido peyorativo, entre mundo oriental y lujo excesivo, y algunos estudiosos han querido ver en estos compuestos formados a partir del adjetivo *habrós* («delicado», «suave», «lujoso») un nuevo ejemplo de «orientalismo» en Esquilo, una crítica a la feminización del enemigo persa. Pero no está nada claro que en esta tragedia los compuestos formados a partir del adjetivo *habrós* tengan un significado inequívocamente peyorativo. Según un detallado estudio de Leslie Kurke, el término *habrosýnē* no se asocia en origen exclusivamente a lo femenino. En el siglo VI a. C.

15. A. *Pers.* 541-544.

tiene connotaciones claramente positivas, como marca de distinción de la aristocracia, y así lo vemos claramente en Safo, que en un verso de uno de sus poemas conservados fragmentariamente dice, de manera explícita, ἔγω δὲ φίλημμ' ἀβροσύναν, es decir, «amo la *habrosýnē*, el refinamiento, la delicadeza»[16]. Es en el siglo V a. C. cuando la percepción de la *habrosýnē* cambia de signo por diferentes razones. Las guerras médicas pueden ser una, ya que, al construirse los griegos como diferentes a los persas, asocian a estos con la *habrosýnē* y, en consecuencia, comienzan a apartarse a sí mismos de ella. También pudo haber influido el desarrollo de la *isonomía*, de un modo de vida igual para todos (*isodíaitos*) en el que las leyes tratan de contener las manifestaciones del lujo privado de parte de las clases elevadas canalizándolo en gasto público, por ejemplo con las *leitourgíai*, que eran gastos en favor de la comunidad de los que se hacían cargo ciudadanos adinerados[17]. No debemos descuidar nosotros un hecho que el propio historiador Tucídides señaló con precisión cuando dijo, hablando, entre otras cosas, del lujo, que en ese aspecto «los griegos de antes se asemejaban a los bárbaros de hoy»[18]. En cualquier caso, el sentido del término *habrosýnē* evoluciona histórica-

16. Fr. 58.25. González González 2021.
17. Kurke 1992. En el mismo sentido Garvie 2009: 62, que señala ejemplos de uso peyorativo en la tragedia (cf. A. *Ag.* 918-19, E. *Or.* 349, *Ba.* 493, 968), pero todos ellos posteriores a este. Las *liturgias* (λειτουργίαι) eran servicios públicos que se realizaban a cargo del dinero propio para propiciarse el favor del pueblo.
18. Th. I, 6.

mente, no significa lo mismo en Safo que en plena democracia ateniense, se carga poco a poco de un contenido misógino y, al mismo tiempo, se constituye en «marcador étnico», y conviene no olvidar esto para interpretar correctamente cada una de sus apariciones en un autor como Esquilo en el que todavía no se ha establecido claramente su connotación negativa.

Derivado de *habrós*, su etimología no está clara[19] y el significado exacto debe precisarse contextualmente, ya en el ámbito de lo «lujoso», ya en el de lo «delicado». Entre los traductores de *Persas*, prevalece la tendencia a traducir los términos derivados de *habrós* como «lujoso» o «excesivo», movidos por el prejuicio de que indican una crítica a la desmesura oriental.

La primera aparición de una palabra derivada de *habrós* en *Persas* se encuentra muy al principio de la obra, en la descripción del contingente persa: «viene después la tropa de los lidios de lujosa vida»[20]. Para poner esta idea en contexto podemos recordar a Heródoto, que cuenta que los persas no conocían el lujo antes de la conquista de Lidia[21], pero que, desde entonces, los griegos asociaron a los persas también con el lujo. Ese lujo tiene connotaciones muy positivas en la poesía arcaica y, además, no es incompatible con el valor –el mismo Heródoto dice que no había guerreros más valientes que los lidios (1.79)– ni constituye señal de afeminamiento.

19. Beekes 2010, *s.v.*
20. A. *Pers*. 41-42.
21. Hdt. 1.71. La riqueza de los lidios aparece en Safo, por ejemplo.

Más adelante nos encontramos con los dos pasajes ya comentados, en los que las jóvenes esposas, en el mismo contexto en el que aparece la imagen del yugo matrimonial, son calificadas como *habropentheîs* y *habrógooi*. Dos adjetivos compuestos en los que la primera parte la forma el elemento en discusión, *habrós*, y la segunda, en un caso, el término *pénthos* («lamento»), y, en el otro, *góos* («gemido»), de modo que podríamos traducir como «lamentándose dulcemente» y «con tierno gemido», respectivamente. En lugar de dejarnos llevar por las imágenes de «lujo asiático», parece más razonable pensar que Esquilo está refiriéndose a la mezcla de dulce recuerdo y de dolor que manifiestan las jóvenes persas llorando por sus esposos. No tiene demasiado sentido calificar los lamentos de las jóvenes esposas persas como «lujosos», aunque esa es la idea que se encuentra con frecuencia en los comentarios a la obra, como si con estos adjetivos el autor quisiera caracterizar la abundancia y exceso de lágrimas en el marco de la abundancia y exceso general que se atribuye a los persas[22]. Da la impresión de que se trata de una asociación de ideas errónea según la cual «abundancia» pasa a significar directamente «lujo», cuando lo cierto es que estos dos términos no son siempre intercambiables. Así, la abundancia de determinados elementos, por ejemplo el oro, significa riqueza y, por tanto, lujo; pero la abundancia de lágrimas, o de desgracias, no

---

22. Garvie 2009: 92; Saïd 1988: 366; Gherchanoc 2021: 32.

puede entenderse como un lujo salvo que estemos empleando una ironía muy fuera de lugar.

La última aparición de este interesante término ocurre al final de la obra, en boca de Jerjes y en referencia al coro de ancianos: «Lamentaos mientras avanzáis con delicado paso»[23]. Es muy posible que si no existieran tantas prevenciones hacia *habrós* y sus compuestos, basadas en el sentido que adquirió el término a lo largo del siglo v a. C., a nadie podría extrañarle que se hablara del modo de andar del coro en estos términos, dado que lo componen ancianos que, en este punto, conocedores de la suerte de la juventud persa, se retiran de escena completamente abatidos; sin embargo, el componente de exotismo y feminización que impregnó en su desarrollo histórico a todo el conjunto de derivados de *habrós* hace que se piense, por ejemplo, en un modo de andar diferente, propio de las mujeres o de los bárbaros afeminados. Pero existen varios sentidos que se podrían aplicar perfectamente en este contexto sin recurrir a la exageración bárbara, como «suave», «cansado» o incluso «majestuoso».

¿Puede deducirse a partir de todos estos ejemplos que en la obra se pone el foco en el lujo persa? No lo parece; más bien se atestigua que *habrós* y sus compuestos conservan en esta primera mitad del siglo v a. C. todavía su valor no marcado, es decir, no peyorativo. El término puede significar lujo o suavidad, contextualmente, así

23. A. *Pers.* 1072.

como los derivados del uno («solemnidad», «riqueza») y del otro («dulzura», «erotismo»). Esquilo, con sus referencias al lecho solitario en el que las esposas se lamentan y con su forma de referirse a la dulzura de sus quejas, se inserta en la tradición de la poesía erótica y pone el foco en el dolor de las mujeres como consecuencia directa de la guerra. Estimula la compasión del público que puede entender perfectamente ese dolor, así como los términos en los que se expresa.

En el propio Esquilo, pero años más tarde, en la obra *Agamenón*, tendremos un buen ejemplo del empleo peyorativo de *habrós* en la famosa escena del recibimiento del soberano por parte de Clitemnestra. Así, dice Agamenón a su esposa: «No me trates como si fuera una mujer, / blandamente [*hábryne*, ἅβρυνε], ni como a un bárbaro»[24], palabras en las que tanto lo femenino como lo bárbaro quedan del lado opuesto a lo que corresponde a un varón griego. Pero también es cierto que en esta misma pieza se encuentra otro ejemplo de uso del mismo verbo sin connotación negativa y con un valor muy ilustrativo para el tema que estamos tratando. Nos encontramos en el cuarto episodio, en el diálogo entre Casandra y el coro. La princesa troyana está relatando el origen (y la inutilidad) del don de la profecía que posee. Recordemos que Apolo le había ofrecido este don si ella se le entregaba sexualmente; Casandra aceptó el regalo, pero se negó a unirse al dios, de manera que este la casti-

24. A. *A*. 918-919.

gó a no ser nunca creída cuando profetizara. En este pasaje, cuando Casandra menciona a Apolo, el coro le pregunta si el dios se vio «golpeado por el deseo»[25] y Casandra responde diciendo que «antes sentía pudor [*aidós*] al hablar de estas cosas»[26]. El coro afirma entonces –y aquí encontramos el verbo *habrýnō*– que «todos, cuando les va bien, son más delicados»[27]. Se establece de manera implícita una relación entre la capacidad o posibilidad de exhibir una cierta delicadeza (*habrýnō*) y un comportamiento tímido regido por el pudor (*aidós*). Ese comportamiento, que no parece que le esté permitido a Casandra, no tiene nada de negativo, al contrario. Lo que aparece connotado negativamente son las razones por las que ahora Casandra habla en pasado de su *aidós*: antes, cuando «le iba bien», por emplear las palabras del coro, podía mostrar *aidós* al hablar de estos temas; ahora, en su condición de esclava y víctima sexual de Agamenón, el coro entiende que puede preguntarle por el deseo de Apolo sin comprometerla.

Esta cercanía de *habrós* y sus derivados con el vocabulario del erotismo en su aspecto más delicado (incompatible con la violencia sexual) es congruente con su empleo por parte de Esquilo en los versos en los que en *Persas* habla de unas jóvenes esposas, unidas muy recientemente a sus maridos, y que sienten una enorme añoranza por haberse visto separadas de ellos. No se trata de recrearse en un «ex-

25. A. *A.* 1203.
26. A. *A.* 1204.
27. A. *A.* 1205.

ceso oriental», sino de conseguir una simpatía natural por parte del público ante unas mujeres que, si en lugar de en la Susa histórica vivieran en la Troya del mito, verían sus lechos ocupados por un Agamenón cualquiera.

Retomando la metáfora del yugo, dado que en la tragedia en general se encuentran numerosos ejemplos de un vocabulario que, aunque referido al matrimonio, suele vincularse a la doma de un animal –como si se impusiera un yugo sobre la recién casada–, y dado que la imagen del yugo de la esclavitud que los griegos consiguieron evitar en su enfrentamiento con Jerjes tiene una importancia indiscutible en *Persas*, el empleo por parte de Esquilo del término «yugo» en el contexto del dolor de las esposas persas que han perdido a sus maridos, uniendo además esta imagen a la de la dulzura o *habrosýnē*, se llena significativamente de un contenido nuevo. Podemos decir que en los dos pasajes analizados se pone de relieve el aspecto positivo del yugo del matrimonio, una idea que Esquilo construye eliminando la violencia de la metáfora de la imposición del yugo y eliminando del término *habrosýnē* –o, quizá, ignorando todavía– su sentido peyorativo. De nuevo, un análisis en este sentido se ha visto obstruido por el prejuicio del orientalismo en la obra de Esquilo.

Un destino peor que la muerte

¿Qué ocurre cuando las mujeres esperan noticias, no de una guerra lejana, sino de una que puede llevar la violencia al interior de los muros de la propia ciudad? Para responder a esta pregunta hemos de acudir a los estudios sobre la violencia sexual contra las mujeres en contexto de guerra, que solo han empezado a formar parte de los intereses de la comunidad académica en la última década del siglo pasado[28]. En este campo de estudio ocupan un lugar destacado los trabajos ampliamente documentados de Kathy L. Gaca, en los que demuestra cómo la guerra en la Antigüedad era mucho más que el recuento de victorias y derrotas, la poliorcética o la descripción del equipamiento militar. La teoría sustentada por Gaca puede resumirse de la siguiente manera: la guerra antigua no puede seguir siendo considerada como un puro enfrentamiento entre hombres en edad de combatir que acaba con hombres matando y hombres muriendo. Derrotar al enemigo, arrasar una ciudad, masacrar a la población, no era el final ni lo peor de la guerra[29]. No se deben minimizar las violentas agresiones sexuales, letales en algunos casos, contra niñas, muchachas y mujeres. Esto es lo que hay tras la idea tantas veces repetida en los textos de los autores de la Antigüedad: que era mucho mejor la muerte que sufrir esa violencia, *esa* violencia en concreto. De ello tenemos ejemplos ya en la *Ilíada*, cuando leemos que Héctor, al despedirse de su esposa Andrómaca –en la conocida escena del canto VI–, le dice que espera haber muerto antes de tener que oír sus

---

28. Van Wees 1992, Kern 1999, Ducrey 2015: 192-198.
29. Véase Gaca 2010, 2011, 2015 y 2016.

gritos o la noticia de que ha sido capturada. El escoliasta anota lo siguiente: «De todos los horrores de la guerra, la violación de las mujeres es el peor»[30]. Y en la misma *Ilíada* Néstor dice que «ninguno se apresure a volver a su casa sin haberse acostado antes con la esposa de un troyano», es decir, sin haberla violado[31].

Los versos que canta el coro de *Siete contra Tebas*, compuesto por muchachas, niñas de unos doce o trece años, son una valiosísima fuente para orientarnos en el conocimiento que Esquilo y su público tenían de lo que era cabalmente esperable y temible por parte de las niñas cuando su ciudad se encontraba amenazada por un ejército enemigo. Es cierto que el comportamiento en la guerra no fue siempre el mismo ni en todas las situaciones alcanzó los mismos niveles de brutalidad; las masacres de las que habla el poeta en la *Ilíada*[32] no parece que hayan sido la norma en la Atenas del siglo v a. C., pero la moderación de entonces no sobrevivió al estallido de la guerra del Peloponeso[33]. En cualquier caso, la épica y la tragedia reflejan situaciones extremas, pero familiares al público, y si existe un tema dominante en el asedio y conquista de las ciudades en la literatura griega es la violación[34].

---

30. Escolio a *Il*. 6.464-465.
31. *Il*. 2.354-355.
32. A los pasajes ya citados puede añadirse *Ilíada* 9. 593-594, cuando la mujer de Meleagro le recuerda a este lo que sucede en las guerras, cómo ejecutan a los hombres, queman las ciudades y se llevan a las mujeres y los niños.
33. Kern 1999: 139-154.
34. Kern 1999: 158.

Así pues, el coro de muchachas en *Siete contra Tebas* no está sufriendo un ataque de histeria ni está expresando ningún temor que la experiencia no pudiera confirmar como bien fundado. Su miedo es muy real. Aunque ellas no hayan sido testigos oculares de los preparativos del ejército enemigo, en su primera intervención expresan un miedo basado en el sonido que les llega, en el estrépito de las armas, en la imagen de una nube de polvo que ellas consideran «seguro mensajero» de una vanguardia de jinetes, y eso no convierte sus palabras en gritos descontrolados frente al *lógos* racional del resto de varones en escena.

Afortunadamente, en fechas recientes se están abriendo paso perspectivas mucho más atentas al sufrimiento de las mujeres en conflictos bélicos. Me parece muy acertada la que adopta Peter Meineck, que tiene en cuenta el contexto de la representación de esta pieza y el público que asistió a la misma en el 467 a. C. Como señala este autor, el miedo expresado por el coro (el miedo a que la población civil fuese esclavizada, sorteada o ejecutada) era un miedo conocido por los atenienses, que lo habían sentido solo trece años antes, durante las guerras médicas, y que ellos mismos habían provocado al infligir tales atrocidades a otros griegos. Incluso pudiera ser, continúa Meineck, que entre el público hubiera responsables de barbaridades como las que se sugieren en escena[35]. Cabe preguntarse cuál sería su reacción, si sentirían em-

---

35. Meineck 2017: 51-56.

patía con el coro y se cuestionarían sus prácticas militares; pero lo que es seguro es que verían el terror entonado por esas doncellas como algo en absoluto exagerado o fuera de lugar.

En cuanto a *Suplicantes*, aunque en términos estrictos no podemos decir que estemos ante una guerra, la violencia que temen las hijas de Dánao es muy semejante a la que temen las jóvenes del coro de *Siete contra Tebas*. Las Danaides dejan claro en más de una ocasión hasta qué punto la unión con los hijos de Egipto les resulta indeseada: prefieren la muerte. Desean convertirse en humo negro, en polvo, en cualquier cosa antes que sucumbir a la violencia de esa unión[36]. Mejor la muerte, mejor servir de alimento a los perros y de banquete a los pájaros: «La muerte libera de las desgracias dignas de lamento»[37]. Si pensamos que estamos en un contexto cuasi bélico –recordemos tanto el fragmento de la *Danaida* como el hecho de que la llegada de los hijos de Egipto supone para los habitantes de Argos una amenaza militar–, lo que las Danaides están expresando es su deseo de sufrir el destino de los hombres vencidos, no el de las mujeres: morir y ser devoradas por perros y aves antes que sufrir la violencia sexual. Se trata de la misma idea que encontramos en el coro de *Siete contra Te-*

36. A. *Supp.* 798-799. Nótese el empleo de *gámos* con el valor de «unión violenta». La metamorfosis sirve en ocasiones como medio de evitar la violación, como en el caso de Dafne; Zeitlin 1986: 123.
37. A. *Supp.* 802-803.

bas: «Sin duda, lo aseguro, el que ya está muerto tiene mejor suerte que estas»[38].

El terror hacia el enemigo vencedor: el coro de muchachas de Tebas

El coro de muchachas tebanas ha sido objeto de estudio sobre todo en las últimas décadas. Hasta fechas muy recientes, el punto de partida en la mayoría de los comentarios (no solo de Werner Jaeger) era enfrentar la actitud racional de Eteocles con la de las muchachas que forman el coro, que se calificaba de emocional, incluso irracional o histérica. Para ilustrar cuál era la idea habitual que se tenía de su papel en esta pieza podemos citar una obra clásica como la de Humphrey D. F. Kitto, de 1939. El autor afirmaba que el coro de *Siete contra Tebas* estaba caracterizado con menos claridad que el de *Suplicantes*, que tenía como única gran característica compartida el miedo, que no era el centro de la acción, que no era un agente personal como sí lo eran las Danaides, que contrastaba con la dignidad varonil de Eteocles y que apelaba «salvajemente» a los dioses[39]. Nada menos. Pero también le reconocía haber superado la condición de mero elemento decorativo al haber provocado, con su

38. A. *Th*. 336-337.
39. Kitto 2003 (1939): 48-49. A este mismo autor debemos la afirmación de que «The *Septem* is our earliest tragedy of character, Eteocles the first Man of the European stage», p. 54.

histeria, la decisión de Eteocles de tomar un papel activo en la defensa de la ciudad:

> Son un elemento tan peligroso las mujeres en la ciudad asediada, que para tranquilizarlas Eteocles dice que él mismo se colocará en la defensa de una de las puertas. La alteración en el plan natural y previsto se hace de modo casi casual, como un efecto secundario, aparentemente, del alboroto de las mujeres. El coro, así lo creemos, ha justificado ya su existencia proporcionando tan admirable trasfondo; ahora vemos en él algo más que un decorado[40].

Con un grado de empatía normalmente bajo, en los estudios más recientes se alude al miedo que siente el coro, pero es rara la vez en la que se va más allá de las generalidades. Alan Sommerstein, en referencia al primer estásimo, dice que el coro imagina los peligros a los que ellas mismas y la ciudad se enfrentarán, «fuego, esclavitud, exilio, muerte, duelo, pillaje, matrimonio forzoso»[41], pero no menciona la violación, precisamente el mayor temor de este coro de muchachas. Por poner otro ejemplo más, Gregory O. Hutchinson apenas se refiere al coro en la introducción a su comentario de la obra y, cuando lo hace, no parece muy comprensivo, ya que habla de su «modo histérico de hacer las súplicas»[42]. La acusación de «histeria» es la más repetida en un marco

40. Kitto 2003 (1939): 49.
41. Sommerstein 2010: 69.
42. Hutchinson 1985: xxxv.

que generalmente interpreta el enfrentamiento entre Eteocles y el coro, especialmente en el primer episodio, en términos de racionalidad frente a irracionalidad, una visión que parece, en mi opinión, muy alejada de la del propio Esquilo[43].

Encontramos una excepción en Anthony J. Podlecki, que hace unos treinta años escribió que el coro presenta «una visión desgarradora de los males del saqueo, el pillaje y la violación que suelen ocurrir cuando una ciudad es capturada e invadida por el enemigo»[44]. Este es un asunto clave que en algunos trabajos dedicados a esta pieza en este siglo XXI empieza a estar mucho más presente, como vemos en la siguiente cita de Edith Hall:

Si en *Persas* Esquilo produjo la primera tragedia en el repertorio occidental sobre una guerra internacional, en la siguiente obra suya que ha sobrevivido, que data de unos cinco años después, creó el tratamiento dramático fundacional de los efectos de una guerra *civil* en una comunidad individual. La obra pone en escena el trauma de Tebas –representada por un coro de aterrorizadas mujeres locales que tienen muy buenas razones para pensar que están a punto de ser violadas y esclavizadas– cuando los hijos de Edipo, Eteocles y Polinices, luchan a muerte por el mando de la antigua ciudad[45].

43. Entre las muchas referencias que podrían darse, véase Conacher 1996: 40.
44. Podlecki 1993: 68.
45. Hall 2010: 204.

Con estas premisas, revisemos algunos versos del primer estásimo del coro de *Siete contra Tebas* en los que se describe claramente qué es lo que temen las protagonistas del coro:

¡Lamentable es que una ciudad tan antigua
sea arrojada al Hades, esclavo botín de lanza,
en polvorienta ceniza,
a manos del varón aqueo, por propósito divino,
    devastada de modo infame!
¡Y que ellas, prisioneras, sean arrastradas, ay, ay,
jóvenes y ancianas,
cual yeguas por sus cabellos,
con sus vestidos por todas partes desgarrados!
Y grita la ciudad vaciada
pereciendo el botín en mezclado griterío.
Con temor veo venir una pesada suerte[46].

Estos primeros versos son muy explícitos: el coro lamenta la posibilidad de que una ciudad antigua como Tebas pueda perecer, pueda ser arrojada al Hades y, sobre la suerte de las mujeres, no habla con metáforas, no compara la caída de la ciudad con el sometimiento por la fuerza de una mujer, sino que dice claramente que las mujeres de todas las edades serán arrastradas por los cabellos, como animales, con sus vestidos desgarrados. Y continúa:

46. A. *Th*. 321-332.

¡Qué digno de llanto es que todavía niñas, cosechadas sin
[madurar,
antes de los ritos que manda la ley, recorran hasta el final
un odioso camino desde sus habitaciones!
Sin duda, lo aseguro, el que ya está muerto
tiene mejor suerte que estas.
Pues una ciudad domeñada, ¡ay, ay!,
innúmeras desgracias sufre[47].

De una manera clara se dice que para las mujeres más vale morir que caer en las manos del enemigo vencedor. También queda dicho que los soldados violaban a niñas que ni siquiera estaban en edad de casarse, es decir, según la costumbre griega, a niñas menores incluso de los catorce años. Que Esquilo exprese esta idea de una manera delicada y poética no es razón para ignorar lo que dice: el término *ōmodrópous* («cosechadas sin madurar») es explícito. Para entender esta idea, el pasaje crucial es el siguiente:

El que lleva botín se encuentra con el que lleva botín,
y el que va de vacío llama al que va de vacío
queriendo convertirlo en compañero,
y no se conforman con menos ni con lo mismo.
¡Tenemos palabras para imaginar lo que saldrá de esto!
Toda suerte de frutos echada por tierra,
aflige a quien se lo encuentra, y amarga es

47. A. *Th.* 333-339.

la escena que contemplan las guardianas de las
[habitaciones.
Abundante, mezclado,
el don de la tierra en inútiles
olas es arrastrado.
Esclavas, nuevas en un sufrimiento nuevo,
   sufridoras de un lecho ganado por la lanza
   de un hombre que ha tenido suerte,
   de un enemigo vencedor,
cabe esperar que llegue el nocturno rito,
que venga a sumarse a las muchas lágrimas y dolores[48].

La traducción de Esquilo es siempre un desafío. En
este último pasaje que he citado, hay una expresión que
yo he vertido, muy literalmente, como «Toda suerte de
frutos echada por tierra, aflige a quien se lo encuentra, y
amarga es la escena que contemplan las guardianas de las
habitaciones». Habitualmente, este texto es entendido
en su sentido literal: en medio de la rapiña, la visión de
los frutos arrastrados por el suelo amarga la mirada de
las amas de casa o despenseras. Por mi parte, he traducido a Esquilo entendiendo que se está hablando de las
doncellas que custodiaban las habitaciones de las niñas
(no de despenseras o amas de casa) y que lo que se califica como amarga es la visión de la violencia que sufren las
niñas, arrastradas fuera de sus habitaciones. Y es que,
aunque las traducciones de *Siete contra Tebas* y los co-

48. A. *Th.* 352-368.

mentarios a esta pieza entiendan la expresión «fruto echado por tierra» (*karpòs chamádis pesón*) en sentido literal, el contexto ayuda a interpretar el pasaje en sentido metafórico y los versos que el coro pronuncia muy poco antes apoyan esta lectura: «Qué digno de llanto es que, todavía niñas, cosechadas sin madurar, antes de los ritos que manda la ley, recorran hasta el final un odioso camino desde sus habitaciones». Se está hablando de niñas cosechadas antes de tiempo, es decir, violadas. La visión de cómo son arrastradas y arrebatadas de sus casas es lo que llena de amargura los ojos de las que las cuidaban en el interior de las casas. No parece muy lógico que, cuando toda la ciudad aúlla de dolor, alguien pueda amargarse porque los frutos almacenados en las despensas se pierdan.

En estos versos hay un adjetivo, *pikrós* («amargo»), que califica, en mi traducción, esa visión de las niñas arrastradas por el enemigo vencedor. Estudios recientes sobre el lenguaje metafórico desde una perspectiva cognitivista podrían avalar esta interpretación[49]. Así, se han estudiado las metáforas gustativas pertenecientes a las emociones de ira, repulsión o náusea y, en relación con el adjetivo *pikrós* («amargo»), se ha señalado que modalidades como la vista o el tacto se confunden de formas imprevistas cognitivamente. Esquilo recurre al adjetivo *pikrós* para referirse a las escenas que mayor terror y disgusto producen en el desarrollo de *Siete contra Tebas*:

49. Angelopoulou 2018.

Cuando términos concretos referidos al gusto, como *pikrós*, que dependen de representaciones gustativas en el cerebro, se entiende de modo metafórico, no solo activan la corteza gustativa, sino que evocan respuestas emocionales implícitas; se implican así de un modo más emocional. En *Siete contra Tebas*, *pikrós* extiende su significado para acabar definiendo la semilla del fratricidio y, finalmente, asociarse con el hierro. Así, el gusto de la sangre de un familiar es el de «un fruto amargo» (693: *pikrókarpos*) y, de ahí, ilegal; y, como agente del fratricidio, el hierro con sabor a carne es amargo (730: *pikrós, ōmóphrōn sídaros*). El «sabor amargo» se convierte gradualmente a partir de una experiencia concreta, sensorial, en una experiencia estética («visión») y, después, en una afectivo-emocional[50].

Las mismas consideraciones pueden hacerse sobre el uso de *pikrós* en el pasaje citado. El rechazo que provoca la idea de derramar la sangre de un hermano, el gusto amargo de esa sangre, pueden ser comparables al rechazo físico y moral ante la violación de unas niñas. El miedo recorre *Siete contra Tebas*, primero ante la idea de un enemigo a las puertas de la ciudad y lo que las mujeres y niñas puedan sufrir si ese ejército enemigo triunfa, y después el miedo al cumplimiento de la maldición que pesa sobre los hijos de Edipo. La primera amenaza no se cumplirá, la segunda sí, pero la posible materialización de ambas produce un rechazo moral y un disgusto físico

50. Angelopoulou 2018: 73.

para cuya expresión el poeta se sirve del adjetivo *pikrós*. Parece innegable que la visión de unos frutos derramados por tierra, aunque se tratara de una cosecha entera, no sería digna del adjetivo *pikrós* aplicado más adelante al derramamiento de la sangre de un hermano, condición que sí cumple la visión de unas niñas arrancadas de sus habitaciones y forzadas a unirse con los soldados vencedores.

En 1973 Anthony Hecht y Helen H. Bacon publicaron una traducción inglesa de *Siete contra Tebas* en la que, bajo la influencia del horror de la guerra en Vietnam, hicieron todo lo posible para que el lector se enfrentara a la cruda realidad de la violación como arma de guerra amplificando aquellos pasajes en los que Esquilo aludía al destino de las vencidas y explicitando todavía más la amenaza de violencia sexual: «Haciendo así dieron peso a las voces femeninas que algunos de sus predecesores habían descartado como histéricas»[51]. La importancia de esta traducción fue enorme, ya que, pese a las esporádicas frases con las que en algunas introducciones a la obra se señalaba la base real del miedo que manifestaba el coro, lo cierto era que las acusaciones de histeria e irracionalidad habían predominado hasta entonces[52].

Por mi parte he tratado de demostrar que ni siquiera es

51. Roberts 2017: 108.
52. Gilbert Murray, por ejemplo, que tradujo la obra en 1935, después de la Primera Guerra Mundial, afirmó que el coro le recordaba «of those crowds of terrified women that were to be seen during the air raids on East London», pero seguía viendo más retórica que drama en esta obra, vid. Roberts 2017: 112.

necesario amplificar el texto de Esquilo, sino que basta con traducirlo de una manera literal y con eliminar el prejuicio de que el coro tiene como única función actuar como contrapunto histérico del racional Eteocles. El público, hay que insistir en esta idea, entendería el miedo del coro y de la ciudad toda porque estarían ante miedos muy vivos y actuales. Tras la victoria sobre los persas, a inicios del siglo v a. C., la lucha por la supremacía en la Hélade tuvo como consecuencia que muchas ciudades griegas fueran arrasadas y esclavizadas por otras ciudades griegas, justamente lo que en *Siete contra Tebas* está a punto de ocurrir, con Tebas sitiada por un ejército de Argos[53].

El coro de muchachas expresa, en la primera parte de la obra, el miedo fundado a que si la ciudad es tomada por un ejército enemigo la suerte que les espera a las mujeres, de todas las edades, será peor que la muerte. Es interesante en este punto recordar lo que Aristóteles dice acerca de la emoción del *phóbos* y que ya he recogido en el capítulo anterior:

El miedo es un cierto pesar o turbación ante la idea de que es inminente un mal destructivo o penoso; y no todos los males son temidos [...], sino cuantos pueden acarrear grandes pesares, o desastres e, incluso en este caso, cuando no parecen lejanos sino próximos. Los males demasiado lejanos no dan miedo.

53. Fialho 2008.

El miedo, señala Konstan en comentario a este texto, no es señal de una deficiencia moral o de otro tipo, «es precisamente la respuesta a un peligro creíble»[54]. La interpretación que ve en el coro un personaje carente de racionalidad, presa de un miedo «histérico», es heredera de la concepción de razón y emoción como opuestos, una concepción que no atiende al componente cognitivo de las emociones. Muy al contrario de esta lectura, hay que entender que el miedo no es irracional, sino que supone una evaluación y un cálculo del peligro. Dado el carácter del coro de esta pieza, compuesto por muchachas, se entiende bien –el público de entonces lo entendería perfectamente– que su miedo se centrara especialmente en la idea de la violación. Solo cuando la amenaza militar parece controlada, al mostrar Eteocles su plan de defensa de la ciudad, ese miedo desaparece dejando paso a otro, el fratricidio, al que las muchachas responden de nuevo con horror[55].

Evidentemente, el coro de muchachas muestra su temor, pero Esquilo no asocia esa más que justificada emoción con un comportamiento irracional y carente de control; su atención al sufrimiento de las mujeres en tiempos de guerra escapa a las fáciles oposiciones mascu-

54. Konstan 2006: 134.
55. Véase un excelente comentario de este proceso de cambio de actitud del coro en Konstan 2006: 144-153. También en Librán Moreno 2005: 243-247 puede leerse una persuasiva y argumentada explicación del papel del coro y sus cambios de actitud a lo largo de la tragedia. Sobre la importancia del coro en la defensa de la ciudad, al encargarse de las plegarias a los dioses, vid. González González 2023.

lino/femenino en las que parece atrapada gran parte de la crítica reciente. Su mirada compasiva hacia la situación de las muchachas hace que en *Siete contra Tebas* la amenaza de violación en contexto de guerra sea explicitada, aunque los comentaristas se hayan quedado casi siempre cortos y no solo no hayan colocado este tema entre los principales de la obra, sino que se han limitado a hablar de metáforas, como si la violación de las mujeres fuera simplemente una imagen para hablar del saqueo de la ciudad.

Resulta curiosa la ceguera persistente ante la evidente continuidad de este aspecto de la guerra hasta nuestros días, sobre todo cuando los estudios de tradición clásica no han tenido nunca problemas en establecer continuidades, más que dudosas en ocasiones, entre «los griegos» y «nosotros». Me atrevería incluso a proponer que cuando los autores del siglo v a. C. se referían a este como un drama «lleno de Ares» (*mestòn Áreōs*)[56], eran las palabras del coro las que llevaban al público a esa conclusión, las que habían hecho del violento Ares la «atmósfera» de la pieza.

Quizá la importancia que le he concedido al coro sea exagerada, y puede que no todos los lectores acepten la idea de que Esquilo hace protagonista de esta pieza a un grupo de muchachas que representan la parte más vulnerable de una ciudad en riesgo de ser tomada por el enemigo, la parte a la que le espera un destino peor que

56. Gorg. B 24 = Plu. 2. 715E, Ar. *Ra*. 1021.

la muerte. Pero lo que es seguro es que habitualmente se ha hecho todo lo contrario, es decir, cerrar los ojos a lo que el coro dice y a un aspecto de la guerra que ha pervivido a través de los siglos. Si las traducciones que he mencionado más arriba se hicieron bajo el impacto de las terribles masacres en Vietnam, quien lea estas páginas, en el momento que sea, será testigo de nuevos horrores, pero la violación como arma de guerra seguirá formando parte del lado más salvaje de la historia. *Siete contra Tebas* tiene un protagonista a la altura de Eteocles, y no es Polinices: son las muchachas de Tebas, su decisiva actuación en defensa de la ciudad asediada y sus miedos perfectamente fundados, tanto ante la toma de la ciudad y la destrucción de los hermanos en lucha fratricida, como ante la amenaza a su propia integridad física[57].

57. Me gustaría haber contestado en este capítulo a alguna de las preguntas con las que cerraba Giacomo Bona su comentario sobre esta pieza: «¿Che cosa significa questa presenza prepotente delle donne in questo dramma, che Aristofane diceva 'pieno di Ares'? Non fa certo meraviglia l'atteggiamento di Eteocle contro le donne: il suo dire è la ripresa di motivazioni tradizionali nel mondo greco; ma continuo a chiedermi che funzione esse abbiano in questo dramma. Anche il rapporto delle donne col sacro e con gli dèi è scontato e tradizionale: ma perché Eschilo ha sentito il bisogno di introdurlo qui, e in modo non del tutto marginale? E c'è di più: qual è il senso del dramma? Il realizzarsi della maledizione di Edipo, la fine della stirpe di Laio e la salvezza della città? Ma in questa polis maschilista, che senso può avere la presenza delle donne? È proprio vero, per Eschilo, quanto dice Eteocle: 'È all'uomo che spetta provvedere, e non certo alla donna decidere, su tutte le questioni esterne alla casa: a casa dunque vai! E non fare altri danni' (vv. 200s.)», Bona 1997: 25.

Y, dicho esto, me gustaría añadir aún algo más: la obra acaba bien. Que la tragedia –y la entera trilogía– finalice con la muerte que los hermanos se dan mutuamente no implica el fin de la ciudad. Al contrario, la polis, que no debe identificarse con el tirano, sobrevive, para alegría de las muchachas. Toda la tragedia griega, tragedia ateniense del siglo v a. C., está afectada por el miedo al regreso de la tiranía y por la contradicción entre *týrannos* y *pólis*. El conflicto, irresoluble por simétrico, entre Eteocles y Polinices, se salda con la salvación de la ciudad[58]. Nuestra percepción, en este caso, está mediatizada por una larga tradición que ha colocado al «héroe trágico» en el centro de la discusión cuando, en realidad, el término «héroe» aparece solo tres veces en el *corpus* de tragedias, mientras que «tirano» lo hace más de doscientas. Eteocles y Polinices, los dos hijos de Edipo *týrannos*, mueren, sí, pero la ciudad de Tebas, al menos de momento, sigue en pie[59].

Ninguna lectura puede agotar a Esquilo, ninguna perspectiva. Sigue siendo posible intensificar la luz que nos permita acceder a nuevas capas de significado en cada una de sus tragedias. Pero quizá se haya tardado demasiado

---

58. Seaford 2021.
59. Los «Epígonos», la generación siguiente a la que atacó Tebas en esta ocasión, volverá tiempo después a intentar la toma de la ciudad, esta vez con éxito, una historia que ya se menciona en *Ilíada*. Sobre este asunto en relación con el significado preciso del oráculo que le anunciaba a Layo la salvación de la ciudad solo si evitaba tener descendencia, véase Sommerstein 2017.

en atender al modo en el que Esquilo presentó el sufrimiento de las mujeres en la guerra. Para llegar ahí no hacían falta nuevos ni grandes descubrimientos; todo estaba a la vista y seguramente el público del siglo v a. C., ateniense y heleno en general, lo percibió con claridad. Esquilo dice claramente que el destino de las mujeres, si estaban del lado de los vencidos, no era la gloria de morir por la patria, sino algo peor que la muerte. Del mismo modo que podemos encontrar en él un inesperado uso de la metáfora del yugo, central en *Persas*, para referirse, además de al yugo que Jerjes quiso imponer a los helenos y estos rechazaron, al yugo matrimonial. Y lo más interesante es que esta metáfora la usa, no para hablar de la violencia que en muchos casos suponía para las mujeres esa unión, imaginada como una «doma» que la joven debía soportar por su cambio de estatus, sino para referirse al *póthos*, la añoranza que las esposas de los guerreros persas sienten por sus esposos. En el contexto de un vocabulario erótico en el que se habla del deseo, el deseo o añoranza de lo que está lejos (*póthos*), no el deseo a punto de consumarse (*hímeros*), el lecho matrimonial y el yugo que une a los esposos se carga de un significado positivo y hace que el dolor de las vencidas sea visto con compasión (*éleos*). *Éleos*, según lo definió Aristóteles, hace referencia al dolor que se siente ante el sufrimiento padecido por alguien que no lo merece; en el extremo opuesto, la *epikhairekakía* es una emoción negativa, es la alegría ante ese sufrimiento inmerecido. Ambas emociones existieron y existen en la naturaleza humana, pero la tragedia buscaba provocar la primera y así lo hizo Esquilo en *Persas*.

Por otra parte, *Siete contra Tebas*, importantísimo documento sobre la saga tebana en Esquilo, además de un hermoso poema sobre siete puertas, siete héroes que las atacan, siete héroes que las defienden y una maldición imposible de evitar, es también un testimonio, demasiado frecuentemente obviado por los estudiosos, de los horrores que esperaban a las mujeres y a las niñas en las ciudades tomadas por los ejércitos vencedores. Que la ciudad de Tebas no resulte vencida en el episodio narrado en *Siete contra Tebas* no quita ni un ápice de interés al miedo al que muy explícitamente se refiere el coro de la obra y a través del cual, con toda certeza, Esquilo hizo hablar a su propia experiencia en primera línea de combate. Entre el público se encontrarían soldados que conocerían también la verdad de ese miedo cantado por el coro. Pese a que de forma ininterrumpida desde que tenemos noticia la violencia sexual contra las mujeres se ha utilizado y se utiliza como arma de guerra, cualquiera que sienta curiosidad podrá comprobar cómo los manuales de literatura griega, las introducciones a Esquilo en general, y a esta obra en particular, pueden referirse a ella y resumir su trama sin mencionar siquiera al coro, o haciéndolo de forma desdeñosa. Esquilo, sin embargo, hizo lo que pudo para que no fuera así. La tragedia griega, la de Esquilo también, está atravesada de mujeres deshumanizadas, sorteadas, botín de guerra de los soldados, arrancadas de sus familias y de sus hogares, como veremos en el capítulo siguiente.

3. El lamento del ruiseñor y el reparto del botín

Casi todas las guerras pueden ser comparadas a una pelea de bandidos disputándose el botín[1]. Y de este una parte importante eran, y desgraciadamente continúan siendo en muchos lugares, las mujeres. Si hablamos de la mítica guerra de Troya, no solo se trata de que los aqueos victoriosos arrasaron y quemaron la ciudad, templos de los dioses incluidos, pasaron por las armas a todos los varones y se sortearon a las mujeres, sino que ya antes de ese final, el campamento aqueo estaba lleno de mujeres que los griegos habían ido tomando como botín a lo largo de los años que duró el enfrentamiento, antes y durante el tiempo pasado en Troya. Así, por ejemplo, cuando Aquiles se retira del combate, enfurecido con Agamenón, este trata de persuadirlo de que vuelva

1. Weil 1940-1941: 48.

y para ello le ofrece oro, caballos… y mujeres que él mismo tomó como botín en Lesbos.

Casandra, una de las hijas de Príamo, es uno de los ejemplos más conocidos. De ella se nos dice en el *Agamenón* de Esquilo que fue botín de este rey, «flor escogida por el ejército» especialmente para él. Las hijas de Dánao, en *Suplicantes*, tampoco quieren ser botín de sus primos, los hijos de Egipto. Y para todas ellas el paradigma mítico de Procne, Filomela y Tereo sirve de contrapunto para hablar de violencia, exilio y lamento.

¿Por qué huyen las Danaides?

La interpretación de *Suplicantes*, pieza de la que ya he hablado a propósito de las lecturas orientalistas, es especialmente difícil. Se ha insistido en las tensiones entre lo masculino y lo femenino, el heleno y el bárbaro, o la democracia y la tiranía. En las páginas que siguen trataré de argumentar que, además de estas tensiones, Esquilo plantea en esta obra una oposición que le es muy querida, la que se establece entre Violencia (*Bía*) y Persuasión (*Peithó*), y argumentaré, en concreto, que aquello que las hijas de Dánao rechazan no es un matrimonio, sino una unión violenta.

Dada la existencia de una tradición literaria que normalizaba y celebraba la violencia de la unión matrimonial considerándola una suerte de «doma» de la joven esposa, se ha sugerido que coros como este, o como el de

Siete contra Tebas, escenifican la transición a la edad adulta, incluso que representan «un estado salvaje temporal en la joven que está haciéndose adulta»[2], un momento en el que las muchachas, inexpertas e inmaduras, rechazan una unión que no tendrán más remedio que aceptar si quieren integrarse con normalidad en la sociedad. Entiendo que esta lectura es reduccionista y supone cerrar los ojos a la evidente violencia contra la que las hijas de Dánao se manifiestan con una claridad patente[3]. Sus miedos, como los del coro de *Siete contra Tebas*, analizados en el capítulo anterior, en absoluto son irracionales, no tienen nada que ver con un rechazo al matrimonio, y se ven confirmados al final de la pieza por la actitud extremadamente violenta del heraldo de los Egipcios.

Repasando la bibliografía relativa a esta tragedia, podría parecer que los temas que se abordan al hablar de *Suplicantes* no han cambiado mucho en los últimos cien años. En 1936, hace casi un siglo, H. G. Robertson decía que las diferentes propuestas sobre el argumento de la obra eran «la ley sobre los matrimonios consanguíneos, el derecho de las mujeres a rechazar un matrimonio, la ley relativa a las herederas, la protección de los suplicantes, la preservación del derecho de asilo, el conflicto en-

---

2. Fletcher 2007: 25. Una cosa son los ritos de paso, de indudable interés, o los mitos como el de Atalanta (o el de Hipólito: no olvidemos que ambos sexos tienen que culminar con éxito el paso a la edad adulta), y otra muy diferente cerrar los ojos y los oídos a la violencia sexual, que nada tiene que ver (o nada debería tener que ver) con esa transición.
3. Molina Zorrilla 2023.

tre el griego y el bárbaro, y el conflicto entre hombre y mujer»[4]. Este mismo autor señalaba también ya entonces que si hay un conflicto que Esquilo desarrolla especialmente en esta pieza es el que enfrenta la justicia (*díkē*) y la insolencia (*hýbris*), y que el primero de estos principios está representado por las suplicantes y el segundo por los Egipcios. En fechas mucho más recientes, Edith Hall, al resumir el argumento, dice que «las Danaides huyen de un matrimonio forzoso con sus cincuenta primos. [...] En el clímax emocional, las muchachas son abandonadas solas, desarmadas e indefensas, completamente vulnerables a la violación o al rapto»[5].

La visión de la pieza que quiero plantear no es, por tanto, nueva. Pero sí es cierto que este enfoque, atento a la perspectiva de las propias Danaides, es todavía minoritario y ha estado mucho más desatendido que otros, y que, en ocasiones, los estudiosos han cerrado los ojos a esa violencia de la que huyen las Danaides y, al mismo tiempo, se han fijado en ellas como agresoras, atendiendo no a *Suplicantes*, sino a lo que sabemos del desarrollo del mito por otras fuentes.

Es necesario centrarse en esta tragedia de Esquilo, en la versión del mito que este autor ofrece, y no en otras versiones ni en las expectativas con las que a veces nos enfrentamos a esta obra, y me refiero muy especialmente a las lecturas que tratan de adecuar cada palabra y gesto de

4. Robertson 1936: 104.
5. Hall 2010: 207.

las jóvenes a otro episodio que forma parte de su tradición mítica, la muerte de los pretendientes. Es sabido que existe una tradición mítica, bien asentada también iconográficamente, según la cual las hijas de Dánao, obligadas finalmente a unirse a sus primos, los degollaban en la noche de bodas. Lo hacían con la ayuda de su padre, que les facilitó los puñales. Solo dos de ellas se mantuvieron al margen: Amimone, que había sido seducida por Posidón antes de que estas uniones forzosas se concertaran, e Hipermestra, que perdonó a su marido. A esta historia haré alusión en estas páginas, pero siempre en contexto y recordando que no sabemos cómo se sucederían los hechos en el desarrollo posterior de la trilogía de Esquilo, que no se conserva, y, sobre todo, como ya se ha dicho, teniendo en cuenta que el episodio del famosísimo castigo que las Danaides cumplen por este crimen en el Hades es muy posterior.

Ateniéndonos a Esquilo, podemos pensar en unas Danaides que, como las jóvenes del coro de *Siete contra Tebas*, con las que guardan muchas afinidades, no quieren ser botín de guerra. Fijémonos en los siguientes versos de la *párodos*, canto de entrada del coro en escena:

Dioses ancestrales, escuchad bien atendiendo a lo que es
[justo:
no les entreguéis mi juventud para que la posean al
margen de lo que está destinado;
al contrario, odiando con razón su *hýbris*,
seríais justos en cuanto al matrimonio.

Existe, además, para los que escapan de la guerra
un altar, de los que huyen de Ares
defensa, el respeto de las divinidades[6].

Las Danaides piden a los dioses que no entreguen
su *hébē* («juventud», es decir, en términos sexuales, su
virginidad) a unos asaltantes que muestran su *hýbris*
(«exceso», en términos sexuales, su disposición a vio-
larlas). De manera enfática dicen que esto sucedería
«al margen de lo que está destinado» (*par'aîsan*), es
decir, de manera contraria a lo que sería propio y a su
tiempo.

Las Danaides lamentan a lo largo de toda la obra la
violencia de sus primos e invocan como modelo la unión
del mismísimo Zeus con Ío, su ancestro, la sacerdotisa de
Hera de la que las Danaides, en última instancia, des-
cienden. Y la toman como ejemplo aunque para ello hayan tenido que convertir (Esquilo mediante) al padre de
dioses y hombres en un atento amante de Ío, en una especie de *gentleman* que la crítica no se ha cansado de señalar como excesivamente amable. Pero justamente de
eso se trata, de acomodar el mito a las intenciones del poeta, en este caso, proponer un modelo de unión sexual basada en la persuasión y no en la violencia. Este es el hilo
argumental básico de la pieza, la dialéctica *Peithố/Bía*
(Persuasión/Fuerza)[7].

6. A. *Supp.* 79-85.
7. Para el empleo del mito de Ío en esta tragedia véase más adelante el
tercer epígrafe del capítulo 4.

Existe, sin embargo, una línea interpretativa muy asentada que analiza toda la pieza en función del famoso episodio en el que las Danaides matan a sus maridos. Pese a que no tenemos ni idea de cómo se presentaba y resolvía este asunto en Esquilo, ya que no forma parte de la trama de *Suplicantes*, se ha querido ver en cada palabra y cada gesto de las hijas de Dánao en esta pieza un anuncio de su futura «maldad». Así, se señalan en la *párodos* «indicios» de los crímenes que las Danaides han de cometer, como que insisten *innecesariamente* en que *no* han sido expulsadas de Egipto por homicidio, o cuando se refieren a sus ramos de suplicantes como *encheirídia* (término que puede significar «puñales»), o cuando se comparan a sí mismas con la mujer de Tereo, que mató a su propio hijo, o cuando dicen que Zeus puede cumplir su voluntad sin aplicar la fuerza[8]. Todos estos «indicios», sin embargo, admiten matices: la insistencia en que no han sido expulsadas de su país por un delito de sangre no es innecesaria, sino condición de su aceptación como peticionarias de asilo; entender *encheirídia* (ἐγχειρίδια, literalmente «lo que se lleva en la mano») como «puñales» es posible, pero no obligado; compararse con la mujer de Tereo es un recurso más complicado de lo que aquí se da a entender, ya que, lógicamente, no cabe esperar que las Danaides se presenten a sí mismas como futuras asesinas identificándose con Procne en ese sentido.

8. Sommerstein 2019 *ad loc*. Brill 2009: 165-166 va todavía más lejos: «Before the chorus speaks a single word, the future violence they will commit against their husbands hangs over their heads».

Al lado de las sospechas que rodean cada gesto o palabra de las Danaides llama la atención la poca importancia que se ha concedido al hecho de que los hijos de
Egipto sean descritos de manera constante como poseídos por la *hýbris* y que sea esta la razón por la que ellas
no quieren unirse a unos «pretendientes» que las ame-
nazan con violación en lugar de ofrecer un matrimonio.
Esa calificación de los hijos de Egipto como poseídos
por la *hýbris* es muy significativa, ya que el lector habitual de ensayos sobre la tragedia griega podría tener la
impresión de que toda ella está llena de referencias a la
hýbris cuando, en realidad, este término y sus derivados
solo aparecen quince veces en Esquilo (sin contar *Prometeo*) y, de esas quince, diez pertenecen, precisamente,
a *Suplicantes*.

Es interesante detenerse en el significado de esta palabra, que forma parte del léxico cultural griego. Si recu-
rrimos a Aristóteles, nos encontramos con que este autor considera la *hýbris* como una de las formas de la
oligōría (ὀλιγωρία, «desprecio», o «falta de respeto») y
la define de la siguiente manera en la *Retórica*:

la *hýbris* es hacer y decir algo que resulta vergonzoso para
quien lo sufre, no por obtener ninguna otra cosa que el
propio hecho de cometer la acción, sino para obtener placer[9].

9. Arist. *Rh.* 1378b23–31, ἔστι γὰρ ὕβρις τὸ πράττειν καὶ λέγειν ἐφ᾽
οἷς αἰσχύνη ἔστι τῷ πάσχοντι, μὴ ἵνα τι γίγνηται αὐτῷ ἄλλο ἢ ὅ τι
ἐγένετο, ἀλλ᾽ ὅπως ἡσθῇ.

Existen, pues, dos intenciones complementarias, la de deshonrar a la otra parte y la de obtener el propio placer. No se trata de un término religioso, aunque tradicionalmente, en el ámbito de la tragedia, se ha entendido como una ofensa a los dioses, como una forma de soberbia que parecía caracterizar al héroe trágico y que le acarreaba la Némesis (Νέμεσις) en forma de castigo de parte de esos mismos dioses. La idea de que se refería, sobre todo, a una ofensa de tipo religioso con un componente claro de extralimitación de los límites que separan a los hombres de los dioses, ha sido puesta en cuestión en estudios recientes[10], aunque sigamos encontrando su huella en trabajos específicos sobre el género trágico.

De manera que la traducción del término como «insolencia» o «arrogancia» puede llevar a confusión, cuando lo que en realidad parece significar esta palabra es el hecho de infligir deliberadamente un deshonor con el deseo de establecer la propia superioridad[11]. El término *hýbris* señala más bien una acción y no un estado de ánimo, una acción con la que se pretende deshonrar a otro ser humano, una acción, por tanto, normalmente dirigida hacia otro hombre y no hacia un dios, aunque también una divinidad puede ser la víctima. Además, el término lo suele emplear la víctima en referencia al agresor, algo que se corresponde perfectamente con el empleo del término en *Suplicantes*, y es relevante que Esquilo

10. Garvie 2009: xxiv, Fisher 1992 y Cairns 1996.
11. Garvie 2016: 9.

ofrezca de nuevo la perspectiva de las mujeres, en este caso las víctimas de la *hýbris*.

Vemos, pues, que no es Esquilo quien desatiende las razones de los personajes femeninos, sino los intérpretes de sus obras. En este caso, cualquier lectora o cualquier lector que haya leído estudios sobre las tragedias de Esquilo pensará, si se menciona el término *hýbris*, en Jerjes y su voluntad de someter a los helenos a su yugo; sin embargo, en *Persas* solo se emplea el término dos veces y no en relación con Jerjes y Salamina, sino con las predicciones de Darío sobre la próxima derrota, la de Platea. En cambio, en *Suplicantes*, la *hýbris*, tan presente como caracterización de los Egipcios, no es nombrada apenas, algo que resulta extraño si consideramos que en las fuentes atenienses el concepto de *hýbris* se asocia con mucha frecuencia a las diferentes formas de violencia sexual[12]. Pero es que, además, cuando en *Prometeo encadenado* el Titán se dirija a Ío, antepasada de las Danaides, para avanzarle los avatares que le esperan a ella y a su linaje, al hablar de las hijas de Dánao y de la persecución a la que las someten sus primos, dice que «ofuscados en sus espíritus, cual halcones que ya no están lejos de unas palomas, vendrán con el fin de dar caza a unas bodas que les están vedadas, *más la divinidad sus cuerpos les negará*» (*phthónon dè sōmátōn héxei theós*)[13]. Es decir, será nada menos que un dios el encargado de velar por que las Da-

---

12. Cohen 1991.
13. A. *Pr*. 859. Traducción de Ramos Jurado.

naides no sean violentadas. Los escolios al verso del *Prometeo encadenado* insisten en esa idea y sugieren que esa divinidad pueda ser Ares, Hera o Afrodita.

La traducción de este verso, «más la divinidad sus cuerpos les negará», no es literal, no puede serlo, y merece ser explicada. Aparece en el original griego un término del léxico cultural, *phthónos*, estrechamente ligado a *hýbris* porque suele ser desencadenado por ella: se trata del rechazo, incluso venganza, hacia el comportamiento arrogante que muestra aquel poseído por la *hýbris*. Todo esto apunta a un uso deliberado por parte de Esquilo de este universo léxico destinado a enfatizar la culpa de los hijos de Egipto y a la posibilidad de que, más adelante, en las obras no conservadas de la trilogía, las Danaides pudieran ver de algún modo justificado su crimen y sufrieran una purificación como la de Orestes al final de la trilogía *Orestía*[14].

La cuestión de por qué huyen las Danaides aparece en todos los comentarios de la obra y en infinidad de artículos[15]. En síntesis, podrían agruparse las opiniones en tres bloques: 1) que rechazan la unión con los Egipcios porque sería una unión incestuosa (idea hoy poco defendida); 2) que odian a los varones y repudian el matrimonio al modo de las amazonas (con matices, pues hay quienes quieren ver aquí un rito de paso o un coro de

14. Sobre los términos *hýbris* y *phthónos* y su evolución semántica, vid. Stanford 1983 y Konstan 2006.

15. En trabajos recientes como el de Bednarowski 2010 o Molina Zorrilla 2021 pueden verse resúmenes de las posturas ante este tema.

doncellas asustadizas negándose a su naturaleza); 3) que lo que rehúyen es, en realidad, una unión violenta, una violación. La mayor parte de los comentaristas no se fija apenas en la efectiva violencia de los Egipcios, esos curiosos pretendientes que llegan armados y envían a un heraldo que trata de arrastrarlas de ropa y cabellos[16]. Lo que subyace a esta interpretación es que, como hemos visto, contaminados por el devenir posterior del mito, los estudiosos sospechan que ellas mismas no son completamente inocentes[17]. Ejemplo por excelencia es Anthony J. Bowen, cuyo análisis evidencia una llamativa inquina hacia el coro, hasta el punto de elegir para la portada esa imagen en la que una Danaide sostiene por los cabellos la cabeza cortada de un varón[18]. Mi opinión, en cambio, encaja en el tercer bloque, que afortunadamente está dejando de ser minoritario.

En las numerosas expresiones con las que las Danaides se refieren a lo indeseable de esa unión que rechazan podemos ver la preeminencia que ha dado Esquilo a los sentimientos de las propias muchachas, que quizá no constituyera una excepcionalidad tan enorme como tendemos hoy a creer, aparte de que las heroínas de la tragedia tendrían una libertad mayor que la que las jóvenes del siglo v a. C. disfrutarían en su día a día. Y así, aunque no es lo común en los comentarios a esta tragedia, en alguna ocasión se ha

---

16. Vid. Goldhill 1991: 24, sobre esta escena: «what is perhaps the most violent scene staged in extant ancient tragedy».

17. Mitchell 2006: 217.

18. Bowen 2013.

planteado que estemos ante un debate sobre el problema de los matrimonios concertados: «Se trata del más antiguo texto conocido, en la historia de la civilización europea, que haya tratado este asunto, cuya importancia perdura como tema literario y como problema social»[19].

Si queremos saber por qué huyen, escuchemos a las propias Danaides. En el comienzo de la obra, el coro de mujeres se dirige a Zeus *Aphíktōr* («que acoge al que llega») y se refieren a sí mismas como *stólos* («tropa») que ha abandonado su país (*pheúgomen*) no porque la ciudad haya decretado su expulsión mediante votación a causa de un delito de sangre, sino escapando de los varones por una voluntad autónoma, es decir, por deseo propio (*autogenê phyxanorían*). Empieza a abandonarse la idea de que las Danaides huían de «varones de mi misma sangre» (es decir, a causa del incesto) o «por rechazo innato al varón» (es decir, por misandria en sentido amplio, no solo por rechazo a sus primos). Se establece, en cambio, un contraste entre esta huida *autogenê*, es decir, por razones que nacen de ellas mismas, y una huida por el voto del pueblo como consecuencia de un crimen. Inmediatamente especifican con claridad de qué huyen: «aborreciendo la unión indeseada con los hijos de Egipto y su impía "intención"»[20].

Traduzco como «unión indeseada» el término *gámos*, resistiéndome a entenderlo como «matrimonio», o

19. Friis-Whittle 1980: 40.
20. A. *Supp*. 9-10.

«boda», que es como aparece, sin ningún tipo de aclaración, en la mayoría de las traducciones. Si se tiene en cuenta la insistencia a lo largo de esta pieza en el término *hýbris*, siempre asociado a los hijos de Egipto, podemos postular que, en el contexto de esta obra, *gámos* no significa matrimonio, sino una unión sexual que, al estar bajo el signo de la *hýbris*, es en realidad una violación. El «enjambre» de hijos de Egipto es calificado poco después como *hybristés* y añaden las Danaides que la unión que pretenden es contra su voluntad (*aékōn*). Hay en *Suplicantes* un conflicto entre la fuerza (*bía*) y la persuasión (*peithó*), y podríamos incluso afirmar que una unión sexual bajo el signo de la primera es una violación, mientras que una unión sexual bajo el signo de la segunda es ya algo reconocible bajo el término de «matrimonio». Que en la lengua griega antigua el término *gámos* pueda referirse a cualquiera de los dos supuestos explica la ambigüedad en las traducciones, pero no exime de tratar de dar con el significado exacto atendiendo al contexto. Las Danaides expresan el deseo de que sus primos se ahoguen en el mar «antes de que se suban a unos lechos que los rechazan y de los que la ley los aparta, usurpando en nosotras los derechos de su tío»[21]. Es decir, parafraseando la poesía siempre difícil de Esquilo, no es solo que ellas los rechazan, es que tampoco su padre, que es quien tendría autoridad para entregarlas, está dispuesto a hacerlo. Por eso se dice

---

21. A. *Supp.* 37-39.

que los hijos de Egipto no respetan los derechos de su tío Dánao.

Según avanza la obra se van detallando más las razones de este rechazo. Así, cuando más adelante, en el primer episodio, el rey Pelasgo les pregunta por qué huyen, ellas responden que «para no convertirme en esclava del linaje de Egipto»[22] y, cuando el rey insiste y quiere saber si es por odio, o porque se trata de una unión contra la ley, la respuesta del coro –aunque complicada desde el punto de vista textual– es clara: se habla de «dueños» (*toùs kektēménous*), no de «esposos». Las Danaides no quieren ser esclavas y su temor está perfectamente fundado. Esta forma de ver las cosas recuerda las palabras de Medea en Eurípides, cuando la esposa de Jasón afirma que las mujeres son los más desgraciados de los seres y tienen que pagar una gran suma para encontrar dueño. Se trata de una declaración extraña, ya que normalmente se paga por un esclavo, no por un amo, pero Medea dice así:

> De cuantas criaturas tienen vida e inteligencia, las mujeres somos las más desgraciadas. En primer lugar tenemos que, con gran gasto, comprar un esposo y adquirir un amo de nuestro cuerpo [*pósin príasthai despótēn te sṓmatos labeîn*][23].

Si avanzamos aún más en el desarrollo de la obra, encontramos al heraldo de los Egipcios enfrentado a Pelas-

22. A. *Supp.* 335.
23. E. *Med.* 230-234.

go, afirmando que está dispuesto a llevarse a las jóvenes salvo que alguien muestre que son libres. El verbo que emplea (*exairéō*) es muy significativo, ya que lo que el heraldo hace es desafiar a Pelasgo, con terminología legal, a que lleve a cabo la acción conocida en Atenas como *exaíresis eis eleutherían*. Esta acción consistía en lo siguiente: si A estaba intentando llevarse a B, afirmando que B era su esclavo, un tercero podía impedir ese acto, con juicio de por medio, afirmando que B era, de hecho, libre[24]. El heraldo considera esclavas a las Danaides y, lejos de hablar de matrimonio, las trata como una posesión de sus dueños.

Después de estas consideraciones parece bastante discutible seguir hablando de «bodas» sin introducir serios matices. Además, la violencia que las Danaides temen de parte de sus primos queda perfectamente explicitada al final de la tragedia y encaja tipológicamente con episodios ya comentados e, incluso, con representaciones iconográficas. Así, leemos que las hijas de Dánao dicen:

No permitas ver a la suplicante apartada de las imágenes divinas en desafío a la justicia, arrastrada por la diadema, como un caballo por la brida, tirando de mi bien trabajado peplo[25].

24. Sommerstein 2019 *ad loc*.
25. A. *Supp*. 429-432.

Esta violencia que las Danaides temen está a punto de materializarse al final de la obra, cuando el heraldo de los hijos de Egipto trata de llevarse a las muchachas y amenaza con arrastrarlas por los cabellos y arrancar sus ropas si no suben a las naves. Esto remite a un tipo de escenas bien conocidas por el público y que tienen un ejemplo famoso en Casandra, que fue arrastrada por Áyax Locrio en la toma de Troya mientras se abrazaba a la imagen de Atenea. Esquilo, como hemos visto más arriba, hacía imaginar algo parecido al coro de muchachas de Tebas:

> ¡Y que ellas, prisioneras, sean arrastradas, ay, ay,
> jóvenes y ancianas,
> cual yeguas por sus cabellos,
> con sus vestidos por todas partes desgarrados![26]

En definitiva, las hijas de Dánao no rechazan el matrimonio, sino una unión sexual contra su voluntad y claramente violenta. Al final de la obra, tanto las palabras del coro que invoca a Ártemis para que no se cumplan los ritos de Afrodita «bajo el signo de la violencia», como el encomio a Hera y a Afrodita, junto con la referencia a *Peithó*, por parte del coro secundario, señalan el camino hacia un *gámos*, una unión, sin violencia ni *hýbris*.

Antes de cerrar este epígrafe, me gustaría insistir en un asunto que ya he mencionado, y es que Esquilo presenta de forma clarísima la perspectiva de las Danaides, su re-

26. A. *Th.* 326-329.

chazo, su disgusto hacia los Egipcios. Tenemos todo un bestiario, que no llega a constituir un catálogo tan detallado como el que compuso Semónides contra las mujeres, ese famoso Yambo 7 en el que hacía a las diferentes razas de mujeres descender de la cerda, la zorra, la perra, el barro, el mar, el asno, la comadreja, la yegua o la mona[27], pero que tampoco está nada mal: los insultos que las Danaides dedican a sus perseguidores son «ave de presa», «serpiente de dos patas», «perro», «araña», «pesadilla negra», «víbora», «animal de picadura venenosa», además de potenciales violadores, cargados de *hýbris*. No es un catálogo tan famoso y estudiado como el de Semónides, ni se le han dedicado tantos estudios (apenas ninguno, en realidad), y precisamente eso es lo significativo, sobre todo si pensamos que algunos de estos calificativos Esquilo los emplea con Clitemnestra en *Agamenón* (por ejemplo, «araña», o «leona de dos patas» en vez de «serpiente de dos patas») y en este caso sí que está perfectamente asentada la idea de un personaje connotado muy negativamente por su papel como ejecutora del esposo. Los Egipcios, sin embargo, siguen siendo para muchos de los comentaristas de esta pieza unos pretendientes que, primero, son rechazados por motivos que nunca quedan claros y, después, asesinados por unas mujeres que nunca fueron muy de fiar. Quizá el público que asistió a la representación de *Suplicantes* saliera del teatro con otra impresión.

27. Sobre este texto de Semónides, vid. González González 2024

El reparto del botín: Casandra, «flor escogida por el ejército»

El miedo de las muchachas de Tebas a una victoria del enemigo que está atacando las puertas de la ciudad o el miedo, aunque con matices, de las hijas de Dánao al asalto de sus primos los Egipcios es, en suma, el miedo a verse en una situación como la de Casandra en la *Orestía*.

Agamenón, el jefe militar vencedor en Troya, regresa a su casa y aparece en escena acompañado de Casandra. La hija de Príamo, profetisa de Apolo, es una parte muy especial de su botín: *exaíreton ánthos* (flor escogida), con la que su ejército lo había querido agasajar. Sin miramientos, el general victorioso le pide a su esposa Clitemnestra que trate a la esclava con buena disposición de ánimo y la acompañe al interior del palacio. Una vez que Agamenón desaparece de la escena para no volver, tiene lugar el encuentro entre Clitemnestra y Casandra, que, aunque breve, es uno de los momentos clave de la obra si queremos atender a la condición y suerte de las mujeres que constituían una parte fundamental del botín de guerra.

El innegable paralelismo entre esta escena de *Agamenón* y aquella de *Traquinias*, de Sófocles, en la que Deyanira acogía a Yole y al resto de mujeres que formaban el botín de Heracles[28], puede iluminar este episodio tan interesante. Recordemos brevemente que en la pieza de

---

28. El primero en proponer este paralelismo fue Webster 1936.

Sófocles la mujer de Heracles, Deyanira, espera ansiosa el regreso de su marido cuando recibe la noticia de que, por fin, el héroe está a punto de llegar a casa. El mensajero le oculta a Deyanira un detalle importante: que Heracles viene con un botín, fruto de sus aventuras, y que de ese botín forma parte una joven, de nombre Yole, que ha sido, además, uno de los motivos del retraso en el regreso de Heracles, que se entretuvo devastando la tierra de esta joven para llevársela como esclava sexual.

Se ha destacado que en ambas piezas las esposas –Clitemnestra y Deyanira– reciben a unos maridos –Agamenón y Heracles– a los que acabarán matando mediante un engaño, y también se ha analizado el marcado contraste entre la frialdad de Clitemnestra con Casandra y la compasión que muestra Deyanira hacia Yole. Está claro que las similitudes entre ambas escenas son, efectivamente, numerosas, pero aún podemos ir más allá. Cabe preguntarse, para empezar, si esta escena habría hecho reflexionar a parte del público sobre el hecho –que no sería infrecuente– de que un marido regrese a casa con otra mujer, una esclava sexual conseguida en la guerra. Podemos preguntarnos también si las comparaciones se han extendido a Heracles y Agamenón. Esta pregunta es retórica, porque la respuesta la sabemos: no se han hecho, pero podrían hacerse. Por ejemplo, ninguno de los dos héroes muestra el más mínimo respeto por los lazos conyugales, sea como sea que queramos entenderlos en el universo mítico. En *Traquinias* parece ser Licas, compañero de Heracles y enviado en avanzadilla por él, quien, por propia iniciativa, trata de ocultarle a Deyanira que Yole viene como esclava sexual de Heracles, que ha sido precisamente el deseo de Heracles por ella lo que ha motivado el retraso en el regreso del héroe a su hogar, que precisamente por ella ha arrasado la ciudad de Ecalia y que la ha tomado a ella, hija del rey Eurito, como botín después de acabar con la vida de toda su familia. En *Agamenón*, es el propio vencedor de Troya quien introduce en casa a Casandra sin ningún reparo: «A la extranjera esta, condúcela dentro», le dice a Clitemnestra, pidiendo que la trate con benevolencia, ya que a nadie le gusta llevar el yugo de la esclavitud.

Ambos, Heracles y Agamenón, han dejado tras de sí ruinas humeantes y se han manchado las manos con víctimas inocentes; ambos se han llevado un botín en forma de mujeres jóvenes que introducen en sus hogares con desprecio absoluto por sus esposas, a su vez víctimas de rapto y violación si echamos una mirada atrás hacia su biografía mítica. Sin embargo, lo que se ha estudiado no es esto, sino el diferente modo en que ambas reciben a estas concubinas y la culpabilidad de una y otra en relación con la muerte de sus maridos. Todo ello viene a demostrar lo adecuado de las palabras de Pascal Payen que ya he recordado en la introducción (página 15).

En los dos casos, las cautivas, Casandra y Yole, son mujeres jóvenes arrancadas violentamente de sus familias. La mejor descripción de la situación en la que se encuentran estas mujeres víctimas de la violencia se halla en las palabras de Deyanira. Así dice cuando Licas llega a casa anunciando el regreso de Heracles y trayendo a unas mujeres que son su botín:

> Terrible lamento se ha apoderado de mí, amigas, al ver a estas desdichadas, conducidas a una tierra extraña, sin hogar, sin padres, desterradas, mujeres que antes, quizá, eran hijas de hombres libres y ahora, en cambio, tienen una vida esclava. ¡Oh Zeus, dador de la victoria!, nunca te me muestres así avanzando hacia mis hijos y, si lo haces, que yo ya no esté viva. Este es el miedo que siento al verlas[29].

Nos encontramos ante la expresión de un miedo que ya nos resulta familiar, el mismo del que hablaban las muchachas del coro de *Siete contra Tebas*, encarnado ahora ante nuestros ojos en estas jóvenes que llegan a «tierra extraña». Cuando se libraba una guerra, el paso de una condición de libertad a una de esclavitud era fácil. El vencido pierde la libertad: esto se encargan de repetir todos los textos de la Antigüedad griega para los que el «yugo de la esclavitud» es una de sus imágenes favoritas. Pero también las mujeres pierden la libertad, aunque ese asunto se haya tratado menos, quizá porque la libertad que tenían antes de ser sometidas no era nada al lado de la de los varones o, sencillamente, porque no ha interesado.

En cuanto a la actitud de las esposas que reciben a estas prisioneras, es cierto que Deyanira se muestra com-

---

29. S. *Tr.* 298-306.

pasiva con Yole, sintiéndose próxima a su dolor, empatizando con ella, dando muestras de un entendimiento que se explica bien porque ella ha estado, en el pasado, en una situación similar[30]. En el caso de Clitemnestra, lo que encontramos es desdén por parte de una mujer a la que no le interesa nada salvo vengar la muerte de su hija y que manifiesta claramente su deseo de no perder el tiempo ante las puertas de la casa.

Hasta cierto punto se entiende que en las comparaciones entre ambas escenas se haya insistido en oponer la actitud de ambas, pero quizá se ha exagerado el contraste. Se ha escrito que hay una clara diferencia entre el lenguaje manipulador de Clitemnestra y la actitud vacilante, titubeante de Deyanira[31]; que la comprensión y dulzura de Deyanira están en el extremo opuesto del odio ardiente de Clitemnestra[32]; que se oponen la nobleza de la una con la brutalidad de la otra[33]; se ha dicho, en fin, que Sófocles reenfoca la escena del encuentro entre esposa y concubina de modo que se centre, no en cuestiones de poder y control, sino de matrimonio, familia y amor[34], situándonos así «a todo un mundo de distancia» de las cortantes órdenes de la Clitemnestra de Esquilo[35].

Lo cierto es que todas estas afirmaciones pueden ser matizadas. La manipulación del lenguaje aparece en la

30. Wohl 1998: 17-18; Foley 2001: 95.
31. Mossman 2012: 496.
32. Segal 1995: 40.
33. Webster 1936: 168.
34. Mattison 2015: 13
35. Finglass 2020: 91

tragedia de modo habitual: Agamenón mintió para que Clitemnestra e Ifigenia fueran a Áulide y, sin salir de *Orestía*, Orestes miente para que le abran las puertas del palacio. El «odio ardiente» de Clitemnestra no tiene nada que ver con Casandra, sino con las acciones de Agamenón; hablar de «matrimonio, familia y amor» es un poco sangrante, dadas las circunstancias; las órdenes de Clitemnestra no son más «cortantes» que las indicaciones de Agamenón con las que le ha dicho que introduzca a la esclava en palacio. Podríamos seguir así, pero considero que estos ejemplos demuestran claramente el sesgo de los investigadores. Si es cierto, como se ha señalado, que Deyanira entiende el sufrimiento de Yole porque también fue el suyo tiempo atrás, lo mismo podría decirse de Clitemnestra, aunque en la pieza de Esquilo la mujer de Agamenón no muestre ninguna empatía con Casandra. Pese a su falta de compasión, sabemos que Clitemnestra comparte el mismo pasado que todas ellas y antes que esposa fue botín de guerra. Clitemnestra, no en *Agamenón*, pero sí en la obra de Eurípides *Ifigenia en Áulide*, relata la violenta manera que tuvo Agamenón de apoderarse de ella, matando a su primer esposo e incluso a su hijo pequeño:

> Escúchame ahora: diré palabras claras
> y no emplearé enigmas que se vayan por las ramas.
> Para empezar, esto es lo primero que te reprocho,
> que te uniste a mí contra mi voluntad y me tomaste con
> [violencia

[ἔγημας ἄκουσάν με κἄλαβες βίαι],
después de matar a mi primer marido, Tántalo:
a mi hijo recién nacido †lo arrojaste contra el suelo†
después de arrebatarlo violentamente de mi pecho[36].

Por otra parte, si es cierto que Clitemnestra no muestra compasión por Casandra y mantiene su mente centrada en vengar a su hija y castigar a Agamenón, el coro en
cambio sí manifiesta su empatía y establece una comparación brutal: Casandra parece una fiera recién capturada[37]. Tengamos en cuenta, para entender la fuerza de la
comparación, que debemos prescindir de estrictas consideraciones temporales, es decir, tenemos que imaginar
que Casandra está representada como si Agamenón acabara de arrasar su ciudad y matar a su familia. Así, se
mencionan los gritos mezclados, pero bien distintos, de
vencedores y vencidos en las ruinas de Troya, como si se
pudieran oír en ese mismo momento, y Casandra, que
ya ha sufrido un largo viaje por mar con su agresor y el
resto del ejército griego, es presentada ahora como si
todo acabara de ocurrir, como si hubiera sido arrebatada
de su hogar ese mismo día. Esquilo utiliza un lenguaje
muy efectivo: mediante la asimilación de Casandra con
una fiera recién capturada hace entender tan claramente

36. E. *I. A.*, 1146-1152. Valga este pasaje como un ejemplo más de violencia contra las mujeres en contexto de guerra, aunque por supuesto
no estoy tratando de construir una «biografía» de Clitemnestra a partir
de diferentes textos literarios.
37. A. *A.* 1063, τρόπος δὲ θηρὸς ὣς νεαιρέτου.

al público de entonces como al lector de ahora la violencia de la situación, el trato dispensado a las mujeres cautivas, cazadas como animales. La imagen buscada por Esquilo para hacer «ver» al público la experiencia traumática de Casandra no puede ser más eficaz.

Estamos, en fin, ante escenas que resultarían familiares en la vida fuera del teatro: la llegada de mujeres como botín de guerra, un objeto de valor como premio a la victoria. Tan familiares resultarían que podría expresarse a través de la tragedia un rechazo hacia ese tipo de comportamientos. Como señala Edith Hall, leyendo estos textos con atención es posible descubrir en ellos señales de que el trato irrespetuoso de los varones hacia sus mujeres en el seno del hogar era percibido con desaprobación, así en el teatro como en la vida. Esta misma autora insiste en que, por muy extendido que estuviera el doble rasero en lo que se refiere al comportamiento sexual de varones y mujeres, existía, no obstante, una regla clara, que es la de no introducir a una concubina en el hogar marital[38]. La tragedia, con sus múltiples voces, pudo ser más avanzada políticamente que la propia sociedad que la creó.

Tereo y Procne. El lamento del ruiseñor

De todas estas mujeres puede ser paradigma el ruiseñor, el ave en la que fue convertida Procne.

---

38. Hall 2010: 153-154.

Volvemos a *Suplicantes*, tragedia en la que nos encontramos con dos *exempla* mitológicos, es decir, con dos mitos con los que el poeta quiere ilustrar alguno de los aspectos de su narración, dándoles una resonancia y significación mayores. Para ello cuenta con que el público está familiarizado con estas historias, es decir, da por hecho un conocimiento mítico compartido. Esos dos mitos son el de Ío y el de Procne. Del de Ío ya he hablado y volveré a hacerlo más adelante; fijémonos ahora en el de Procne. Estos son los versos en los que aparece aludido el mito:

Si se encontrara cerca alguno de los que interpretan el
[canto de las aves,
alguno del lugar, y escuchara este lamento digno de
[piedad,
creería estar escuchando la voz de la esposa de Tereo
digna de lamento por su astucia,
el ruiseñor perseguido por el halcón[39],
que, excluido de sus sitios propios y sus ríos,
endecha y se lamenta por su querencia[40]
y compone un canto sobre la suerte de su hijo,
cómo de una muerte familiar murió, de su propia mano
víctima de la cólera de una madre que no lo es.

39. La traducción por «halcón» es aproximada. Se trata de un «ave rapaz de la familia de las falconiformes», sin identificar, vid. Librán Moreno 2011.
40. En la traducción de los versos 63-64 he seguido la propuesta de Librán Moreno 2011.

Así yo también, amo lamentarme con tonos jonios
y desgarro mi mejilla quemada por el sol
y mi corazón que no conocía las lágrimas:
recojo la flor de mis gemidos
preguntándome con temor si, de esta huida sin amigos,
desde una vasta tierra,
alguien se preocupa[41].

Empecemos por recordar la historia en su versión más conocida. Procne y Filomela eran hermanas, hijas de Pandión de Atenas. Procne se casó con Tereo de Tracia y, según la costumbre griega, abandonó la casa paterna para acompañar a su marido a Tracia. Como añoraba a su hermana, consiguió que Tereo se comprometiera a ir a Atenas y traerla para pasar un tiempo con ella. Tereo va a buscarla y, en el camino de regreso hacia su casa en Tracia, la viola, le corta la lengua y la encierra para que no pueda denunciarlo. Ella consigue de todas maneras darle a conocer los hechos a su hermana bordándolos en una tela y juntas preparan la venganza. Matan y cocinan al hijo de Procne y Tereo y este último lo come sin saber lo que está haciendo. Cuando su mujer le cuenta lo ocurrido, él las persigue y los tres son metamorfoseados en aves, Tereo en abubilla o halcón, según las diferentes versiones, Procne en ruiseñor y Filomela en golondrina.

¿Por qué introduce Esquilo aquí este mito? Se ha argumentado que las Danaides se comparan a sí mismas

41. A. *Supp.* 57-76.

con Procne porque también ellas emiten lamentos, porque son perseguidas por sus primos, a los que se compara con halcones –ave en la que fue transformado Tereo, el perseguidor de Procne–, y porque Procne había cometido un crimen y las Danaides estaban a punto de hacer lo propio[42]. Esto último, sin embargo, tiene difícil sustento: aparte de lo extraño que sería que las Danaides se presentaran a sí mismas como futuras asesinas, se da por hecho que en época de Esquilo existía ya una versión del mito de Procne en la que esta mataba premeditadamente a su hijo, algo sobre lo cual hay muchas dudas.

La versión canónica del mito de Procne, Filomela y Tereo es la que he resumido más arriba, aquella en la que Procne mata a su hijo y se lo sirve, en venganza, a su marido en un festín impío. Pero no es esta la única versión de la historia. Existe una hipótesis según la cual la obra *Tereo* de Sófocles, de la que solo conservamos fragmentos, había sido la primera en mostrar a Procne matando *de forma deliberada* a su hijo[43]. Es decir, la sustancia no cambia, Procne mata a su hijo, pero, al parecer, algunos poetas habían contado que se trató de un terrible error. Esta propuesta se basa en el hecho de que el coro de la *Medea* de Eurípides afirma que solo otra mujer antes de Medea –Ino– se había atrevido a matar a su descendencia[44]. Si en *Medea*, obra llevada a la escena en el 431 a. C.,

42. Sommerstein 1977. En el mismo sentido, Konstantinou 2015: 486.
43. March 2000 y 2003.
44. E. *Med.* 1282 ss.

el coro mantiene que únicamente Ino y Medea habían asesinado a sus propios hijos, quedaría probado tanto que el *Tereo* de Sófocles es posterior a esa fecha como que en versiones antiguas del mito Procne no mataba a su hijo de forma deliberada[45]. No se trata de cambiar el mito al punto de que Procne no matara a su hijo, sino de considerar la posibilidad de que, antes de la versión de Sófocles, circularan variantes en las que esa muerte era producida de manera involuntaria. Se trata de una hipótesis plausible, aunque no es aceptada de modo unánime, o, más específicamente, lo que se rechaza es que no haya testimonios claros del crimen deliberado por parte de Procne previos a Sófocles en la iconografía, ya que en lo que hace a los testimonios literarios la hipótesis parece bastante fundada.

Repasemos esas fuentes literarias. Sófocles compuso su *Tereo* en una fecha anterior al 414 a. C., año en el que Aristófanes la parodió en *Las Aves*, y su versión, que obtuvo un enorme éxito, se convirtió en canónica[46]. Antes de Sófocles existen alusiones al mito, aunque no demasiadas: si excluimos a Esquilo se reducen a Homero y Ferécides. En *Odisea* (19.518-24) leemos que Penélope se

---

45. March 2000 y 2003 refuta a Page, que sugería que Eurípides debería haber aportado otros ejemplos, como Ágave y Procne. Ágave, como es bien sabido, fue enloquecida por Dioniso, luego no puede hablarse de «voluntad». En cuanto a Procne, solo sería cierto si se admite que la obra de Sófocles es anterior a la de Eurípides, algo sobre lo que no hay acuerdo.

46. Se conservan numerosos fragmentos, así como la *hypóthesis* (*P. Oxy.* 3013).

compara a sí misma con la hija de Pandáreo, Aedón (ruiseñor, el ave en el que Procne es transformada), que mató por imprudencia (*di'aphradías*) a su hijo Ítilo con el bronce. En los escolios a ese pasaje se explica que los hijos de Antíope, Anfión y Zeto, estaban casados, respectivamente, con Níobe y Aedón. Por envidia de Níobe, madre de muchos hijos, Aedón, que tenía solo uno, decidió matar al primogénito de Níobe, pero acabó matando a su propio hijo por error. En Ferécides[47] leemos que los hermanos Zeto y Anfión, héroes locales de Tebas, se habían casado con Aedón y Níobe respectivamente. Aedón, envidiosa de la abundante prole de Níobe, decide matar a su primogénito, pero a quien mata es en realidad a su propio hijo, que dormía al lado, y termina transformada en ave por los dioses.

Así pues, en estas escasísimas alusiones, encontramos a Pandáreo (= Pandión) como padre de Aedón (= Procne) y de Golondrina (= Filomela), pero no hay indicaciones claras sobre la muerte deliberada del hijo de Procne, que en Homero es Ítilo y no Itis, ni las dos hermanas aparecen mencionadas juntas, ni se alude a Tereo y al episodio de la violación de Filomela[48].

En cuanto a Esquilo, aparte del testimonio que hemos visto en *Suplicantes*, contamos con *Agamenón* (1140-

---

47. Ferécides (*FGrH* 3 F 124). Por otra parte, tanto en Hesíodo (*TyD* 568-9) como en Safo (135 Voigt) aparece una Golondrina (ave en la que se transforma Filomela) «hija de Pandión».

48. Forbes 1990: 248 llega a poner en duda que Aedón, hija de Pandáreo en Homero, tenga nada que ver con las hijas de Pandión.

49), donde el coro alude al ruiseñor, comparando el lamento de Casandra con el suyo, y donde encontramos por primera vez el nombre de Itis para el hijo de Procne. Ninguno de estos testimonios dice cómo muere el niño, aunque se intuye que se ha cometido algún crimen; tampoco aparecen asociadas las dos hermanas, ni se habla de la violación y mutilación de Filomela. Literariamente, pues, es Sófocles quien ofrece la primera versión en la que aparecen Ruiseñor y Golondrina como hermanas y en la que hay un crimen inequívocamente deliberado en venganza por la violación y mutilación de Filomela. En la iconografía, sin embargo, el asunto es más dudoso, ya que las fuentes en las que se supone que se representa el crimen de las dos hermanas están sujetas a discusión.

Deberíamos concluir que la referencia a la historia de Procne en *Suplicantes* no tiene por qué ser interpretada de forma inequívoca como una alusión a crímenes futuros (al contrario: poco sentido tendría esto cuando las Danaides están tratando de inspirar lástima), sino que están presentándose a sí mismas como víctimas de los deseos bestiales de los Egipcios de igual modo que Filomela lo fue de los de Tereo[49]. Además de esto, la evocación por parte del coro de *Suplicantes* a la historia de Procne y su posterior transformación en ruiseñor permite profundizar en el tema del exilio y, más en concreto, en el particular exilio de las mujeres, el que sufren cuando contraen matrimonio y tienen que abandonar

---

49. Véase en este mismo sentido Fialho 2012: 47.

su casa para ir a la de su marido. Esto es interesante al menos por dos motivos: el primero, porque de nuevo nos hace pensar en la *Medea* de Eurípides; y el segundo, porque el exilio aparece en las tres historias en cuestión: la de las hijas de Dánao, la de Procne y la de Ruiseñor.

En cuanto a la figura de Medea, son célebres sus palabras en la pieza homónima de Eurípides cuando lamenta la suerte de las mujeres, en concreto, las dificultades a las que se enfrentan por verse alejadas de su casa y de su familia cuando se casan:

De todas las cosas, cuantas están vivas y tienen razón, las mujeres somos la más desgraciada criatura. Lo primero, debemos comprarnos un esposo mediante un enorme derroche de dinero, y tomar un dueño de nuestro cuerpo. Y esto es una desgracia aún peor que otra cualquiera. Y la prueba ahora es muy decisiva: tomar uno malo o uno bueno. Pues la separación no trae buena fama a las mujeres, ni resulta posible repudiar al esposo. Y cuando una ha venido a un lugar donde las costumbres y los hábitos le son novedad, adivina tiene que ser (ya que no lo ha aprendido en casa) sobre cómo portarse con el compañero de lecho. [...] Dicen que nosotras vivimos una vida sin peligros en casa, mientras ellos combaten con la lanza. Mal calculan. Pues tres veces preferiría estarme junto a un escudo que parir una sola vez[50].

50. E. *Med.* 230-250. Traducción de Antonio Guzmán Guerra (Madrid: Alianza Editorial, 2015).

Ya más arriba había citado la primera parte de este pasaje al hablar de aquellos versos en los que las Danaides rechazan a sus primos y se preguntan quién querría pagar a cambio de unos hombres que serían sus dueños. Medea también lamenta la dureza de una vida «en medio de costumbres y leyes nuevas», es decir, en un lugar extraño. Esta había sido también la suerte –la mala suerte– de Procne, que abandonó Atenas y se fue a Tracia con su esposo Tereo. Allí añoraba su casa y a su hermana y mostraba sus quejas en términos similares a los de Medea, según vemos en dos fragmentos de *Tereo* de Sófocles:

Somos empujadas fuera y vendidas lejos de los dioses patrios y de los que nos engendraron, unas a extranjeros, otras a bárbaros, otras a casas sin alegría[51].

Mucho te envidio tu vida, sobre todo si no has tenido conocimiento de la tierra extranjera[52].

En los versos de la *párodos* en los que las hijas de Dánao evocan el mito de Procne nos encontramos con una palabra clave: *chŏrōn*, «lugar de arraigo acostumbrado», «sitio propio». Así se da sentido a la comparación, a la función del *exemplum*: en la historia de Procne, la joven se ve obligada a abandonar su lugar de arraigo, primero como mujer, a causa del matrimonio, después como rui-

51. Fr. 583.7-10 Radt.
52. Fr. 584 Radt.

señor, perseguida por el halcón. Del mismo modo, las hijas de Dánao han tenido que abandonar su tierra perseguidas por los depredadores Egipcios. Además, los «ríos acostumbrados» cuya ausencia lamenta el ruiseñor tienen un paralelo en el río Nilo, que aparece con frecuencia en boca de las suplicantes y al que evocan como elemento distintivo de su patria, Egipto[53].

Todas estas analogías entre la historia de Procne y la de las Danaides explicarían la mención del mito bastante mejor que como una alusión a sus «futuros crímenes», más aún cuando vemos el esfuerzo que hacen para que sus súplicas de asilo sean acogidas, unos esfuerzos que serían baldíos si se presentaran como potenciales asesinas.

Y no acaba aquí la densidad y riqueza del mito de Procne y Filomela, el Ruiseñor y la Golondrina, en este contexto. En el epígrafe anterior señalaba las similitudes entre Casandra y Yole como botín de guerra en *Agamenón* de Esquilo y *Traquinias* de Sófocles. Podemos añadir ahora un detalle muy significativo: tanto Casandra –cuando Clitemnestra la interpela– como Yole –cuando Deyanira se dirige a ella– guardan silencio. Así, Casandra no responde a las palabras de Clitemnestra, que le indica que entre en el palacio; la reina no insiste demasiado y, diciendo que no tiene tiempo que perder, la deja a las puertas acompañada por el coro. En cuanto a Yole, también Deyanira se dirige a ella sin encontrar respues-

53. Librán Moreno 2011.

ta, y Licas, compañero de Heracles, le dice que no ha abierto la boca en ningún momento, que lo único que hace es derramar lágrimas y dar muestras de angustia. Estas dos escenas no solo se han comparado por el silencio de las cautivas, sino que se ha establecido también una sugerente conexión entre ambas piezas y la perdida *Tereo* de Sófocles, en concreto, entre Casandra, Yole y el personaje de Filomela del *Tereo*. El silencio de todas ellas puede ser la respuesta de una mujer completamente traumatizada, una víctima que todavía no ha conseguido recuperarse de su experiencia[54].

La Filomela del mito es un personaje silencioso por razones obvias –Tereo cortó su lengua tras violarla–, pero que sea metamorfoseada en golondrina puede resultar significativo en este contexto. Las alusiones al mito de Tereo, Procne y Filomela en Esquilo son complejas, como estamos viendo, y Casandra es comparada tanto con Procne-Ruiseñor como con Filomela-Golondrina. Si el mito de Procne en *Suplicantes* presenta problemas de interpretación por aparecer mencionado en un brevísimo pasaje en boca del coro y no ser comentado por ningún otro personaje de la pieza, en *Agamenón* encontramos un desarrollo mayor del tema, ya que a las palabras del coro comparando el llanto insaciable de Casandra con el de Procne, responde la propia Casandra diciendo envidiar la suerte de ese ruiseñor al que los dioses cubrieron de plumas y que no conoce las lágrimas.

54. Finglass 2020: 91, en relación con Yole.

Casandra parece envidiar ese final, habitual en muchas narraciones griegas sobre mujeres que huyen de la violación: si consiguen escapar, se debe a que son metamorfoseadas, como el caso de Dafne en laurel. Este es el pasaje:

CORO: Eres una demente, poseída por la divinidad, y por ti misma lanzas un canto desentonado, cual el rubio ruiseñor [*aēdón*], insaciable de llanto, ¡ay!, con sentimientos que mueven a piedad diciendo en tu lamento «Itis, Itis», su vida floreciente en males.

CASANDRA: ¡Ay, ay! ¡El destino del melodioso ruiseñor! Pues lo cubrieron de un cuerpo alado los dioses y de un dulce destino sin lágrimas. A mí, en cambio, me espera una punzada de espada de doble filo[55].

El coro compara a Casandra con el ruiseñor, que se lamenta invocando «Itis, Itis» –el nombre del hijo– mientras que la propia Casandra envidia al ruiseñor, libre de lágrimas. Y un poco antes se encuentra otra interesante alusión a este mito en boca de Clitemnestra, en su diálogo con la desgraciada cautiva, donde la figura que aparece es Filomela, la golondrina. Clitemnestra es consciente de que Casandra no habla su lengua, pero cree poder convencerla igualmente de que se muestre razonable:

---

55. A. *A.*: 1140-1149.

Pero salvo que tenga una lengua bárbara ininteligible, al modo de la golondrina [*chelidónos díkēn*], voy a persuadirla diciendo palabras que entren en su mente[56].

En este caso creo que el auditorio no tendría dificultades para identificar a Casandra con la Filomela del mito, violada por Tereo, enmudecida y convertida después en golondrina[57]. Es cierto que la «voz» de la golondrina era un elemento de comparación habitual que los griegos empleaban para referirse a una lengua extranjera, ininteligible, pero esta lectura no es incompatible con ver en esta imagen una referencia al episodio de la violación. Cuando Casandra hable no la entenderán –sabemos muy bien que Apolo le ha arrebatado el don de ser creída–, pero la comparación con la golondrina –la víctima de la violación– y con el ruiseñor –alejado de su querencia– remiten al mismo tiempo a su condición de víctima, de botín de guerra, de objeto de violencia sexual arrancada de su patria y totalmente desposeída. Y la situación de Clitemnestra fue, en un tiempo, la misma[58].

Procne había sido arrancada por dos veces de sus lugares de arraigo: primero al ser entregada a Tereo y tener

56. A. *A.*: 1050-1052.
57. Medda 2024 *ad loc*. señala que la comparación se explica a partir de Hesiquio y con base únicamente en lo incomprensible del canto de cualquier ave, caracterizando la distancia entre griegos y bárbaros «con una sfumatura di superiorità etnica». En la larga nota a esta imagen no se menciona la afinidad entre Casandra y Filomela, la Golondrina, por el hecho de haber sufrido ambas violación.
58. Sobre el lenguaje de personajes femeninos como Casandra, pero también Clitemnestra, el estudio fundamental es el de Iriarte 1990.

que acompañarlo a Tracia; después como ruiseñor, perseguida por el halcón. De la misma manera las Danaides, que abandonaron su tierra perseguidas por los depredadores Egipcios, evocan el río Nilo en más de una ocasión en *Suplicantes*, y así también Casandra rememora su infancia junto al Escamandro:

¡Ay, agua del Escamandro, agua de mi patria! En tiempos, desdichada de mí, junto a tus orillas me crie[59].

Evoca Casandra un tiempo feliz que remite de nuevo a *Traquinias*, cuando Deyanira imagina que quizá Yole, la esclava que ha traído con él Heracles, había sido hasta hacía poco la hija feliz de un padre poderoso. Y de nuevo estas imágenes remiten a la historia de Procne y Filomela, como podemos ver en un fragmento, muy significativo en este mismo sentido, de la obra *Tereo*. Es Procne la que habla:

Pero ahora, sola, nada soy [*oudén eimi chōrís*]. Muchas
                                                    [veces
he considerado de este modo la naturaleza femenina,
que nada somos. De niñas, en la casa de nuestros padres,
vivimos, pienso, la vida más dulce de todos los mortales.
Pues la inconsciencia siempre alimenta a la infancia de
                                            [modo agradable.
Pero cuando llegamos, conscientes, a la juventud,

59. A. *A*.: 1157-1159.

somos expulsadas fuera y vendidas,
alejadas de nuestros dioses patrios y de nuestros padres,
unas a hombres extranjeros, otras a bárbaros,
unas a casas sin alegría, otras a casas oprobiosas.
Y todo esto, cuando una única noche nos pone el yugo,
tenemos que aprobarlo y aparentar que está bien[60].

Con estas palabras Procne, que pasa de la primera persona del singular a la primera del plural, habla de su experiencia, que es la de todas las mujeres: sola, apartada, separada de las demás –todo eso significa *oudén eimi chōrís*–, no soy nada, no somos nada[61]. Lo mismo vale para Casandra, para Yole y para todas las demás mujeres cautivas de guerra.

Muchachas en flor

Al acercarnos al final de este capítulo regresamos una vez más a las Danaides, las protagonistas de *Suplicantes*. Existe una disputa sobre si es esta la primera pieza de su trilogía o la segunda. Hay quien dice que ha de ser la segunda, sucediendo a *Egipcios*, porque en un escolio al verso 37 de *Suplicantes* se hablaría supuestamente de la

60. Fr. 583.
61. Sobre este pasaje, Coo 2020. Estas doce líneas eran conocidas, transmitidas por Estobeo. Ahora hay un fragmento (*editio princeps* de Slattery, vid. también Finglass 2016) que lo completa y que permite confirmar la hipótesis de que es Procne quien habla.

existencia de un oráculo por el cual Dánao sabía que su destino era morir a manos de un yerno, y estaba decidido por ello a que ninguna de sus hijas contrajera matrimonio. Como no hay alusión alguna a ese oráculo en *Suplicantes*, se concluye que esta no podría ser la primera pieza de la trilogía y habría que suponer en consecuencia que el dato se daría antes, en algún lugar de *Egipcios*, obra perdida para nosotros, que ocuparía por tanto el primer lugar. Cuando ya se había demostrado el error en la interpretación de ese escolio[62], Alan Sommerstein, que había sido uno de los mayores defensores de la idea de que *Suplicantes* ocupaba el segundo lugar de la trilogía y de que el propósito de Dánao era evitar en cualquier caso la boda de sus hijas, siguió manteniéndose firme en sus convicciones, aunque sobre una base diferente: argumentó que en los versos 1006-1009 Dánao explicita su deseo de mantener la virginidad de sus hijas evitando su unión con los Egipcios o con cualquier otro pretendiente.

Esta idea no encaja, sin embargo, con la historia posterior que relata, por ejemplo, Píndaro, que en la *Pítica* IX da por hecho que las hijas de Dánao se casan de nuevo tras la muerte de los Egipcios. Pero, sin tener que recurrir a otras fuentes, creo que el propio texto de Esquilo

---

62. Lo que se había interpretado como una alusión a un oráculo en el que se predecía la muerte de Dánao a manos de uno de sus yernos era, en realidad, un reproche a los hijos de Egipto por querer unirse a las Danaides sin el permiso de Dánao, «no habiendo muerto este todavía». Es decir, el escoliasta no decía «para que su padre no muriera», sino «porque su padre no había muerto».

admite una lectura diferente. En los versos en cuestión
Dánao les dice a sus hijas que tengan cuidado de no hacer algo que les traiga vergüenza tanto a ellas como a él y
placer a sus enemigos. Esas palabras deben entenderse
en su contexto, que es este, los versos inmediatamente
anteriores:

A vosotras os animo a no avergonzarme,
vosotras que tenéis esa edad en flor [*hóran*], atractiva para
[los hombres.
No es en absoluto fácil de custodiar la fruta delicada
[*térein' opóra*].
Las fieras se afanan por ella y también los hombres,
[¿cómo no?
Y todo animal salvaje, el que vuela y el que camina sobre
[la tierra.
Cipris anuncia los frutos ofrecidos [*karpómata*] que
[destilan su savia[63].

En estos versos no debe extrañar, para empezar, que
Dánao parezca preocupado por su propia reputación, ya
que la idea de que el agravio sexual que pueda sufrir una
mujer afecta a la fama de sus familiares varones (padre,
esposo, hermanos) es lo habitual en muchas sociedades,
todavía en la actualidad. En cuanto a la mención de la
fruta deseada por el enemigo, esta imagen nos hace recordar aquellos versos de las muchachas del coro de Te-

63. A. *Supp.* 996-1001.

bas para cuya traducción defendí que *karpós* («fruto») debía ser entendido, no en sentido literal, sino metafórico, en alusión a las niñas. Cuando se utiliza esta imagen, la de la flor de la juventud, vemos que la flor de los jóvenes cae en el campo de batalla, mientras que la de las muchachas es arrancada por los soldados victoriosos. Los animales salvajes se ceban con el cuerpo del guerrero caído en combate; otros animales, igualmente salvajes, lo hacen con el de las muchachas todavía vivas, lo que justifica esa idea tan repetida de que es mejor morir que sufrir tal violencia.

Lo que Dánao hace no es, ni mucho menos, tratar de alejar a sus hijas de un posible matrimonio en Argos. De lo que las previene es de la posibilidad de que despierten el deseo en esa ciudad que ahora las acoge, mostrándose muy consciente del peligro que corren: se trata nada menos que de cincuenta hermosas jóvenes desfilando a la vista de toda la ciudad. Siendo este el contexto, no creo que este pasaje sirva de apoyo a la idea de que Dánao, con el fin de evitar el supuesto oráculo según el cual moriría a manos de un yerno, trataba de evitar a toda costa el matrimonio de sus hijas. Cuando habla de que sus hijas tienen una edad «en flor» (*hóran*) y recuerda lo difícil que es custodiar ese «fruto», está refiriéndose al peligro que corren sus hijas en términos similares a los que hemos visto que empleaba Esquilo en *Siete contra Tebas* al referirse al peligro que corrían las jóvenes del coro. Muchachas como las de Tebas, o como las hijas de Dánao, corren el riesgo de convertirse en «flor escogida», como lo fue Casandra, para su desgracia.

Además de Casandra, las protagonistas de este capítulo han sido sobre todo las hijas de Dánao. El interés de la crítica de *Suplicantes* se ha centrado durante décadas en problemas textuales, dado el estado de corrupción del texto, y de datación, así como en la reconstrucción de la trilogía de la que esta obra formaba parte. Además, todos leemos la obra con el prejuicio de lo que sabemos sobre las Danaides, que mataron a sus maridos y acabaron castigadas en el Hades. Pero lo cierto es que nada de esto se encuentra en Esquilo, ya que solo conservamos la primera pieza de la trilogía. Tampoco parece apropiado llamar «maridos» a los violentos pretendientes de las Danaides y, para acabar, el castigo en el Hades es una invención posterior con seguridad al siglo v a. C. También he sugerido que la insistencia por parte de muchos estudiosos en que «nunca queda del todo claro por qué huyen del matrimonio» no tiene respuesta porque la pregunta está mal planteada: no huyen del matrimonio, huyen de una unión violenta e indeseada. Insistir en traducir como «matrimonio» cualquier aparición del término *gámos* no es una buena idea.

Aunque no existe un término específico en el griego antiguo para referirse a la violación, la palabra *hýbris* es la que, contextualmente, suele emplearse para hablar de la violencia sexual. Que los hijos de Egipto sean persistentemente definidos en *Suplicantes* como poseídos por la *hýbris* no es casual e indica la voluntad de Esquilo de definir claramente el propósito de estos hombres al tratar de apropiarse de las hijas de Dánao contra su voluntad y la de su padre. La lectura atenta de las metáforas e imágenes que emplea Esquilo al describir situaciones como las que se relatan en *Suplicantes*, *Siete contra Tebas* o *Agamenón* aportan luz al estudio de la historia de las víctimas de los conflictos bélicos. Es una luz que no debe ignorarse porque viene de un gran poeta que conoció bien la guerra, y una forma de no ignorarla es poner cuidado en las traducciones y tratar de reflejar en ellas su sentido original.

4. Guerras humanas y divinas: Violencia, Persuasión y Astucia

Centrándonos ahora en la *Orestía* y en *Prometeo encadenado* podremos acercarnos también a los conflictos, ya no solo entre los hombres, sino entre los propios dioses del Olimpo. En estas tragedias encontramos de nuevo la dialéctica de la Persuasión (*Peithó*) y la Violencia (*Bía*), pero, además, descubrimos la importancia de una tercera fuerza: la Astucia (*Mêtis*).

En el tribunal del Areópago en Atenas, uno de los escenarios de *Euménides*, última pieza de la *Orestía*, medirán sus argumentos y sus fuerzas las Erinias, defensoras del derecho de Clitemnestra a ser vengada –había sido asesinada a manos de Orestes–, y Atenea y Apolo, defensores del derecho de Orestes a vengar a su padre. Podremos ver que, más allá de las lecturas de esta trilogía como un ejemplo acabado de misoginia griega y demolición de los derechos de la madre, lo que Esquilo propone es el triunfo de una diosa, Atenea, que emplea la persuasión frente a un dios, Apolo, que flojea dialécticamente y recurre a su arco, a su fuerza. Veremos también que los derechos de las Erinias son reconocidos.

Además, el estudio de la utilización del mito de Ío que se hace en *Suplicantes* nos permitirá ver cuál era la alternativa propuesta por las hijas de Dánao frente a la violencia de sus primos: de nuevo, la persuasión.

Finalmente, en *Prometeo encadenado*, ni fuerza ni persuasión parecen ser útiles para dirimir el duelo entre el Titán y Zeus, que quizá recurrieran a la astucia en la continuación de la trilogía, como sabemos que habían hecho ya en enfrentamientos previos, pero que para nosotros, por la pérdida del resto de la trilogía prometeica (si era una trilogía), continúa siendo un conflicto sin resolver.

Violencia y persuasión en *Orestía* I: Atenea gana el juicio en el Areópago

La *Orestía* es la única trilogía de la que conservamos completas las tres tragedias: *Agamenón*, *Coéforas* y *Euménides*. Del drama de sátiros que cerraba esta serie, *Proteo*, solo tenemos fragmentos. Estas obras se representaron en las Grandes Dionisias del año 458 a. C., cuando Esquilo ya estaba en torno a los setenta años. Moriría muy poco después, *ca.* 456 a. C. Obtuvo, una vez más, la victoria, como lo había hecho con las trilogías de las que formaban parte *Persas*, *Siete contra Tebas* y *Suplicantes*. La *Orestía* lleva a escena la muerte de Agamenón, nada más regresar de Troya, a manos de su mujer (*Agamenón*); la venganza ejecutada por Orestes, que mata a su madre (*Coéforas*); y el juicio que, con un resultado favorable a Orestes, pone fin a la cadena de venganzas (*Euménides*).

Para situar la *Orestía* en su contexto mítico tenemos que remontarnos a los hermanos Atreo (padre de Agamenón y Menelao) y Tiestes (padre de Egisto) y recordar la maldición que pesaba sobre su estirpe. Tiestes había seducido a su cuñada, la esposa de Atreo, y tuvo por ello que abandonar Argos, ciudad que ambos hermanos se disputaban. Regresó tiempo después y fue aparentemente perdonado, pero Atreo mató a sus hijos pequeños –salvo a Egisto– y se los sirvió en un criminal festín. Tiestes abandonó Argos de nuevo, con el pequeño Egisto, no sin antes maldecir a Atreo y a sus descendientes.

Agamenón y Menelao, los hijos de Atreo, son los caudillos de la guerra de Troya. Para vengar el rapto –o seducción– de Helena, la esposa de Menelao, por parte del príncipe troyano Paris, los Atridas reunieron una poderosa flota que partiría hacia Troya en una expedición militar de castigo. Aunque en principio contaban con el amparo de los dioses, ya que Paris había faltado a las leyes de Zeus *Xénios*, protector de la hospitalidad –se había fugado con Helena cuando era huésped de su esposo Menelao–, la empresa no pudo empezar peor. Estando todavía la flota en Áulide, ciudad de Beocia situada frente a la costa de la isla de Eubea, los vientos impiden a los barcos zarpar. Hechas las consultas adivinatorias de rigor, Agamenón se encuentra ante el dilema de obedecer al adivino Calcante y sacrificar a su hija mayor, Ifigenia, para conseguir vientos favorables, o desobedecer, con el consiguiente daño para el ejército al que había comprometido en la expedición. Agamenón accede entonces a sacrificar a su hija. En la versión que podemos leer en *Ifigenia en Áulide* de Eurípides, Agamenón hace ir a Ifigenia con su madre Clitemnestra al campamento griego en Áulide bajo el pretexto de casarla con Aquiles. Los detalles de este episodio, tal como aparecen en el coro de *Agamenón*, no auguran nada bueno para el futuro del soberano.

La expedición parte, finalmente, hacia Troya. La guerra entre griegos y troyanos y la caída final de la ciudad de Príamo la conocemos por diferentes fuentes –Homero especialmente–, pero también por numerosos fragmentos épicos, poesía lírica y algunas tragedias de Eurípides que abordan lo ocurrido después de la guerra. Sabemos también, y esto es muy relevante para entender la *Orestía*, que el comportamiento de los griegos una vez tomada la ciudad fue extremadamente violento y contrario a las normas humanas y divinas, lo que no quiere decir que fuera algo diferente a lo que pudiera observarse en las guerras de entonces y en las de ahora. Los varones fueron ejecutados; las mujeres, sorteadas como esclavas y violentadas sexualmente; los templos, quemados;

y la ciudad, arrasada. Agamenón se jacta en la pieza homónima, primera de la trilogía *Orestía*, de las señales todavía visibles del estrago: la humareda, dice, sigue anunciando que la ciudad ha sido tomada.

Del asunto tratado en *Orestía* existían más versiones que la de Esquilo, principalmente el poema épico *Nóstoi* y la *Orestía* de Estesícoro, obras de las que solo tenemos pequeños fragmentos. Las divergencias mayores entre unas versiones y otras están en el grado de responsabilidad de Clitemnestra y en la participación de Egisto en la muerte de Agamenón, ya que algunas fuentes, literarias e iconográficas, muestran a este matando a Agamenón y a Clitemnestra encargándose de Casandra. En la *Pítica* XI de Píndaro se dice que Clitemnestra envió al Hades a Agamenón y a Casandra y se plantea la pregunta de si lo hizo por vengar a su hija Ifigenia o por amor a Egisto. Es importante también que se dice, hablando de Agamenón, que él fue el causante de la perdición de Casandra y el poeta emplea el verbo *ólesse* («destruyó»), un verbo muy duro y que puede implicar un reproche. En Esquilo encontramos a Clitemnestra, por primera vez hasta donde los textos que nos han llegado nos permiten saber, como ejecutora única de la muerte de Agamenón, aunque es muy posible que ya en Estesícoro apareciera esa innovación[1].

Sobre los motivos que podía tener Clitemnestra para matar a su esposo a su regreso de Troya, suelen mencio-

1. Bañuls Oller 2002: 28.

194

narse varios, principalmente el sacrificio de su primogénita Ifigenia. También hay alusiones a motivos más o menos románticos y bastante anacrónicos, como su relación con Egisto. En Homero no hay menciones explícitas al que parece haber sido el motivo principal del rencor de Clitemnestra hacia Agamenón, es decir, el sacrificio de Ifigenia, aunque puede verse una alusión a este crimen en la respuesta airada de Agamenón a Calcante cuando este le dice que tiene que devolver a Criseida a su padre y el soberano se dirige a él como un «adivino de desgracias» que nunca tiene nada bueno que decirle[2]. Es decir, le estaría reprochando al adivino que, de nuevo, viniera con malas noticias para él, como ya hizo en Áulide. Sí aparece el nexo entre el sacrificio de Ifigenia y la muerte de Agamenón en la *Orestía* de Estesícoro.

Como es habitual en el género trágico, algunos de estos episodios míticos relacionados directamente con la trama que se va a escenificar aparecen aludidos, de manera más o menos clara, en diferentes momentos de la pieza, muy especialmente al comienzo y en boca del coro. Un episodio clave es, precisamente, el sacrificio de Ifigenia, la primogénita que Agamenón ofrece a Ártemis a cambio de poder partir con sus naves hacia Troya. A ese suceso se alude en *Agamenón* cuando el coro, contento, pero a la vez inquieto por el regreso de Agamenón, dice lo siguiente: *mímnei gàr phoberà palínortos /*

2. *Il.* 1.106.

Sacrificio de Ifigenia. Fresco romano de Pompeya, siglo I d. C. Museo Arqueológico Nacional, Nápoles.

oikonómos dolía, mnámōn Mênis teknópoinos[3]. Unos versos difíciles de traducir de una manera unívoca y que hacen referencia a una cólera (*Mênis*) que permanece en la casa de los Atridas, una cólera presta a resurgir, que no olvida, y que suele identificarse con Clitemnestra, que no ha olvidado cómo Agamenón sacrificó como a un

3. A. *A.* 154-155, μίμνει γὰρ φοβερὰ παλίνορτος / οἰκονόμος δολία, μνάμων Μῆνις τεκνόποινος.

animal a su primogénita, pero que también evocaría en el recuerdo del público cómo Atreo (padre de Agamenón y Menelao) sacrificó y cocinó a los hijos de su hermano Tiestes[4]. Incluso podemos pensar no en la venganza por la muerte de un hijo o una hija, sino en un hijo que venga una muerte, en este caso Orestes, que volverá y asesinará a su madre Clitemnestra como pago por la muerte del padre. Por todo ello yo propondría una traducción como la siguiente, parafraseando el texto de Esquilo: «A pie firme y sin desfallecer permanece, terrible, resurgiendo de sus cenizas una y otra vez, la astuta Cólera, de muchos recursos, que se encarga de que la ley se cumpla dentro del linaje, Cólera memoriosa que no olvida el sacrificio de los hijos ni su venganza». Sea cual sea la densidad de estos versos, lo que sí es claro es que, en la versión del mito que ofrece Esquilo, Clitemnestra es la autora de la muerte tanto de Agamenón como de Casandra, sin ayuda alguna de Egisto.

En cuanto al personaje de Orestes y su responsabilidad al haber matado nada menos que a su madre, se trata de un tema difícil que ningún autor resuelve por completo, tampoco Esquilo. Era un hecho incontestable de la saga de los Atridas que Orestes matara a su madre, y ni siquiera Homero, que propone a Orestes como modelo para Telémaco, puede eliminar este episodio, aunque lo alude de manera muy tangencial. Ni los autores literarios ni los plásticos parecieron sentirse cómodos

4. Lloyd-Jones 1962: 190; Bacon 2001: 50; Bañuls Oller 2017: 93.

con esta historia. La tradición iconográfica, acorde con la homérica en este caso, pone el foco en la cuestión política, en la sucesión en el trono: Egisto, el usurpador, es quitado de en medio por Orestes[5]. Esquilo, en cambio, sitúa el matricidio en el centro de *Coéforas*, mientras que la muerte de Egisto a manos de Orestes es un preludio poco relevante.

La tradición conservada indica que la aparición de Apolo y las Erinias en el relato se remonta a la *Orestía* de Estesícoro, donde el dios le entrega a Orestes un arco y unas flechas para que pueda defenderse de las divinidades vengadoras[6].

Aparte del contexto mítico, la crítica ha prestado mucha atención a la relación de esta trilogía con los acontecimientos políticos e históricos más próximos al momento de la representación. Ya hemos visto la importancia de la perspectiva histórica en *Persas*, pero también la dificultad de obtener interpretaciones precisas y que alcancen unanimidad. En el caso de la *Orestía* es posible señalar el nexo con algunos hechos políticos concretos. Por ejemplo, que la acción se sitúe en Argos, no en Micenas o Esparta, ciudades legendariamente asociadas a los Atridas, puede tener que ver con la reciente alianza entre Atenas y Argos. Es bien sabido que tras las guerras médicas Cimón promovió una política de acercamiento a Esparta, mientras que Temístocles consideraba a los espartanos un peligro mayor que los persas. En medio de

5. Sobre las representaciones iconográficas de la muerte de Egisto véase Shapiro 1994: 125-131.
6. Podlecki 1989: 3.

esta tensión tuvo lugar un suceso de consecuencias políticas relevantes: a instancias de Cimón fue enviado a Esparta un contingente ateniense como ayuda para sofocar una rebelión en Mesenia, pero, antes de llegar a su destino, el ejército fue devuelto a Atenas por Esparta bajo pretexto de que ya no era necesario, aunque los atenienses sospecharon que en realidad lo que ocurrió fue que los espartanos dudaron de su apoyo y temieron que, en lugar de combatir contra los mesenios, los apoyaran. Cimón sufrió el ostracismo y Atenas estableció una alianza con Argos, ciudad rival de Esparta. Esto en cuanto a situar la acción en Argos y no en Micenas, a donde nos lleva nuestra imaginación movida, sobre todo, por las impresionantes tumbas descubiertas a las afueras de la ciudad por Heinrich Schliemann, que identificó una de ellas (el famoso Tesoro de Atreo) con la de Agamenón.

Por otra parte, también se ha escrito mucho sobre la influencia que pudieron tener en la trilogía las reformas de Efialtes, que menguaron considerablemente los poderes del antiguo tribunal del Areópago reduciendo sus funciones a dirimir los crímenes de sangre[7]. Esta reforma del Areópago, que enfrentó a demócratas, favorables a la misma, y a conservadores, defensores de los amplios poderes de los que gozaba este tribunal de corte aristocrático[8],

7. Sobre los detalles de la situación política en Atenas, vid. Sommerstein 1989: 25-32.
8. Que sus miembros fueran exarcontes y que su cargo fuera vitalicio hacían de este tribunal un elemento extraño en la naciente democracia ateniense.

Tesoro de Atreo, ubicado a las afueras de Micenas.

tuvo lugar en fechas muy próximas al estreno de la *Orestía,* y aunque es prácticamente imposible determinar cuál era la postura de Esquilo en este asunto, más adelante volveré a él y trataré de dar alguna clave.

El caso es que en la última pieza de la trilogía, *Euménides,* tiene lugar el juicio a Orestes por haber asesinado a su madre y la acción se sitúa, precisamente, en Atenas, en el Areópago, donde se enfrentan la violencia y la persuasión, la eficacia de la una y la otra en la resolución de los conflictos. Las Erinias acorralan con argumentos a Orestes, que reconoce haber matado a su madre, carga la responsabilidad sobre Apolo y acaba planteando la absurda pregunta de si está él vinculado por sangre a su madre[9]. Cede inmediatamente la palabra a Apolo, que no tiene más ni mejores argumentos que él. Invoca el dios a Zeus para defender la autoridad del padre y las Erinias le recuerdan el trato que Zeus dispensó a su propio padre Crono. Acorralado, Apolo recurre primero al insulto[10] y después a la idea planteada ya por Orestes, que constituye uno de los pasajes más conocidos y comentados de toda la trilogía:

> Esto te voy a decir, y entérate de cuán correctamente hablo. No es la así llamada «madre» la que engendra al hijo, sino que es nodriza del recién sembrado embrión (*tropheùs dè kýmatos neospórou*). El que asalta el lecho, ese es el que engendra, pero ella, como una extranjera a un extranjero, mantiene a salvo el vástago cuando los dioses no lo impiden[11].

Como no puede negar que matar a un consanguíneo es grave, niega entonces que la madre sea de la misma sangre que el hijo, un argumento que difícilmente com-

---

9. A. *Eu.* 606.
10. Se dirige a las Erinias como κνώδαλα, *knódala*, «animales salvajes», un lenguaje vulgar del que dice Sommerstein no hay paralelos en la tragedia.
11. A. *Eu.* 657-661.

partiría el público[12]. Cuando toma la palabra Atenea, aunque defienda a Orestes, no repite ni asume estos razonamientos. No dice que Orestes no sea sangre de su madre, ni que la madre no sea madre, ni niega los derechos de las Erinias. Busca una vía de salida distinta, que no comporte ni imposición por la fuerza de una de las partes, ni desprecio a las antiguas y venerables divinidades encargadas hasta entonces de perseguir los delitos de sangre. De hecho, será ella, no Apolo, quien mediante la persuasión facilite la pervivencia de la casa[13].

El pasaje que contiene el razonamiento de que el crimen de Orestes no es tal porque la madre no es verdadera madre ha sido abundantemente estudiado y debatido. Para apuntalar su tesis de la existencia de un supuesto matriarcado inicial que se vería desbancado por el patriarcado, Bachofen utilizó tanto esta peculiar teoría como el propio desenlace de la *Orestía*, con la muerte de Clitemnestra sin recibir venganza y Orestes regresando a Argos «limpio». Los estudios estructuralistas continuaron tomando este episodio como ejemplo de las dinámicas que enfrentaban lo masculino y lo femenino, lo civilizado y lo bárbaro. La teórica feminista Kate Millett asumió también este enfoque, del mismo modo que

12. Véase Burian 2023: 137-8, que pone en duda la eficacia de este argumento. También Sommerstein 1989 señala las muchas razones por las que los argumentos de Orestes y de Apolo no serían aceptados por el público, que vería en ellos una muestra de ingenio forense al mismo tiempo que una falacia.
13. Mitchell-Boyask 2013.

Jane Harrison había visto en Atenea una «colaboradora» del patriarcado contra el poder de las mujeres. Estas ideas han sido fundamentalmente superadas por su propia inconsistencia[14].

Por mi parte, me atrevería a defender que los «argumentos» de Apolo o de Orestes no triunfan en la obra y que Atenea –por no decir Esquilo– no los asume, aunque también ella defienda a Orestes. Hace suya la causa del varón, pero encuentra una salida que no pasa por menospreciar el crimen de Orestes, ni el papel de la madre en la reproducción, ni el deseo de las Erinias de no ser humilladas. Como dice Deacy, Atenea cumple un papel que es el suyo en otros lugares del mito: «Atenea, tal y como la presenta el mito, es una figura un tanto extraña, con una "persona" compleja desde el punto de vista del género. Aparece como defensora de todo aquello que favorece el buen funcionamiento de la sociedad»[15].

Atenea emplea la persuasión rehuyendo el lenguaje de «victoria» y «derrota» que había animado toda la trilogía. Las Erinias no son derrotadas ni deshonradas, sino que, al contrario, se anuncian para ellas nuevos honores.

14. Vid. un repaso a estas interpretaciones en Deacy 2008: 34-41. Quizá el trabajo más influyente, al menos en el estudio de la tragedia y de Esquilo, y que impuso una visión marcadamente estructuralista y, en mi opinión, demasiado rígida y bastante equivocada de la *Orestía*, fue el de Froma I. Zeitlin «The Dynamics of Misogyny: Myth and Mythmaking in the Oresteia», donde se afirma que la *Orestía* se sitúa de lleno en la tradición misógina que invade todo el pensamiento griego y que, además, proporcionó un modelo decisivo para legitimar esta actitud en el pensamiento occidental, Zeitlin 1978: 150.
15. Deacy 2008: 41.

Atenea consigue convertir en una fuerza positiva la Persuasión (*Peithó*), que había sido una fuerza problemática e incluso siniestra en la *Orestía*, como se vio en la persuasión de Clitemnestra a Agamenón para que caminara sobre los tapices[16]. Se trata de una famosa escena, en el episodio tercero de *Agamenón*, tras la llegada del rey victorioso. Clitemnestra quiere convencerlo de que entre en palacio posando sus pies sobre los lujosos tapices púrpura que ella ha desplegado. Agamenón se muestra reticente, manifiesta que ese es un honor más propio de un dios que de un hombre, pero Clitemnestra consigue convencerlo argumentando que bien está que quien ha vencido se deje vencer alguna vez. Las palabras con las que Agamenón accede a los deseos de su esposa son las últimas que pronuncia en la obra, justo antes de entrar en el palacio para encontrar allí la muerte[17].

Ahora en cambio, al final de la trilogía, la *Peithó* ruinosa que había conducido antes a la destrucción se convierte en instrumento de pacificación. Es finalmente la persuasión de Atenea y no el arco de Apolo lo que se impone. Considero que esto es tan destacable, si no más, que la clásica oposición entre los derechos del padre y los de la madre.

---

16. Mitchell-Boyask 2013: 92. También Buxton 1982: 105.
17. A. *A*. 855-957.

Violencia y persuasión en *Orestía* II: las Erinias se convierten en Euménides

Por lo que hemos visto en el epígrafe anterior se entiende que la *Orestía* haya sido vista siempre como un ejemplo de justicia retributiva, entendida como un «ojo por ojo», según un modelo que aparece en Hesíodo, con la sucesión violenta Urano-Crono-Zeus. Urano, despojado del trono por su hijo Crono, afirma que sobre este y su descendencia caerá la venganza (*tísis*) y anuncia así la primera gran lucha política por el poder en el universo, que llegará a su fin cuando Zeus venza a Crono y los Olímpicos arrebaten la supremacía a los Titanes y Gigantes. En *Agamenón* operaría una maldición similar. La venganza de Clitemnestra, con la ayuda de Egisto, sería no solo un acto de venganza personal y doméstica, sino parte de una lucha a vida o muerte por el poder soberano absoluto, que *ella* convierte en una tiranía en *Coéforas*, en Argos[18]. Sin embargo, esta comparación es matizable y trataré de argumentar que Clitemnestra no forma parte de esa cadena de sucesión, ni muestra interés alguno por el gobierno, mucho menos por un gobierno tiránico.

Sabemos que la sucesión en el seno de la familia de los Atridas había sido siempre problemática. Atreo y Tiestes, los dos hermanos hijos de Pélope, se habían disputado el trono de Micenas, adonde habían huido tras matar

18. Así plantea las cosas Hall 2021.

a su hermanastro Crisipo, y, al final de una cadena de episodios de lucha y engaño, Atreo había acabado sacrifican-
do a los hijos de Tiestes y sirviéndoselos a su padre en un
banquete criminal. También Agamenón, el mayor de los
hermanos y heredero del trono, manchó sus manos con el
sacrificio de su propia hija Ifigenia, razón por la que su esposa Clitemnestra lo asesina a su regreso triunfante de
Troya. Orestes, el hijo varón, regresa a casa a vengar la
muerte de su padre, pero no solo por ese motivo. Lo movía también el deseo de recuperar el trono de Argos.

En *Agamenón* no parece que Clitemnestra tenga el
menor interés en una tiranía. Es Egisto, en todo caso,
quien alberga deseos tiránicos. De hecho, hacia el final
de *Agamenón*, Clitemnestra parece soñar con un nuevo
comienzo, libre la casa de los Atridas de la maldición y
lejos la reina de cualquier ambición de poder:

Yo, así pues, quiero comprometerme mediante juramento
con el *démon* de los Plisténidas[19] a aceptar esta situación,
aunque sea difícil de soportar y, para el futuro, que este [el
démon], yéndose de esta casa triture con muertes intestinas
a otra estirpe. Si retengo una pequeña parte de mis posesio-
nes, será absolutamente suficiente para mí, si logro expulsar de la casa la locura asesina[20].

19. La denominación de «Plisténidas» para referirse a la casa de los Atridas parte del nombre de Plístenes, que a veces aparece como hermano de
Atreo y Tiestes y, en otras ocasiones, como hijo de Atreo. Su genealogía es
confusa. Aquí aparece como nombre genérico para la familia.
20. A. *A*. 1568-1576.

Clitemnestra quiere que se acabe la larga cadena de muertes en el interior de la familia: que el *demonio* familiar se vaya a triturar a otra estirpe. Estamos casi al final de *Agamenón* y estas serían las últimas palabras de la reina en esta pieza si no fuera por la llegada de Egisto y su agrio enfrentamiento con el coro. Clitemnestra interviene de nuevo para apaciguar los ánimos y su mensaje, repetido, es claro: ya ha habido suficiente sufrimiento, no nos manchemos las manos con más sangre. Es Egisto quien muestra tendencias tiránicas.

Si avanzamos en la trilogía, el poder de Clitemnestra disminuye hasta prácticamente desaparecer en *Coéforas*. Así, vemos en esta pieza cómo recibe a Orestes y Pílades, sin saber quiénes son, y les ofrece lo que está en su mano como señora de la casa, pero no como soberana de Argos[21]:

> Extranjeros, decidme si algo necesitáis: aquí hay lo que conviene a una casa como esta, baños calientes, un lecho que suavice las fatigas y la presencia de unos rostros justos. Si es necesario hacer alguna otra cosa que precise de deliberación, eso es ya cosa de varones y se lo comunicaremos[22].

No parece, pues, que Clitemnestra tenga papel en la sucesión en Argos. Por otra parte, esa «sucesión» no implica heredar solo el poder, sino también la tendencia

---

21. Roisman 2021: 51.
22. A. *Ch*. 668-673.

a reproducir actos culpables. Sucede esto en la casa de los Atridas igual que sucedía en otra casa que en la mitología griega puede competir con esta en protagonismo, la de Tebas: personajes como Layo, Edipo y Eteocles, de un lado, o Tántalo, Pélope, Atreo y Agamenón, de otro.

En la cadena sucesoria la culpa, la maldición, no solo el trono, se hereda. Se hereda una propensión a ejecutar actos impíos, ya lo hemos visto al hablar de Eteocles. En el caso de los Atridas, Agamenón ha heredado de su padre Atreo la tendencia infanticida y la propensión a borrar los límites entre lo humano y lo animal, habida cuenta de que uno y otro han sacrificado como bestias, uno a sus sobrinos, otro a su hija[23]. Agamenón hereda también la rivalidad: como Atreo era rival de Tiestes, Agamenón lo es de Egisto. Los versos sobre la *Mênis*, la Cólera, que ya he comentado y traducido más arriba, recuerdan que la culpa renace en cada generación. Clitemnestra, aunque se cobre la muerte de su hija en *Agamenón*, no forma parte de este engranaje.

La ruptura de esta sangrienta cadena de justicia retributiva, de la ley del «ojo por ojo», se rompe con la intervención de Atenea, la institución del tribunal del Areópago y la transformación de las Erinias en Euménides, todo ello en el seno de la última pieza de la trilogía. Y es curioso ver cómo el inicio de esta obra, *Euménides*, anuncia ese final en el que triunfa la persuasión. Recordemos que Orestes, tras asesinar a su madre, huye a Del-

23. Hall 2021: 23.

fos buscando la protección de Apolo. El primer escenario de *Euménides* es, pues, el templo del dios, y –algo infrecuente en la tragedia– la acción se desplaza después al Areópago, en Atenas. En ese primer escenario de Delfos vemos a la Pitia, a las puertas del templo de Apolo, narrando cómo ha llegado el dios a hacerse dueño del oráculo: mediante una sucesión en la que Gea, Temis y Febe se han relevado pacíficamente en el puesto hasta que esta última cedió el oráculo a Apolo. Con estas palabras de la sacerdotisa del dios en Delfos comienza la tragedia:

> En primer lugar muestro mi respeto con esta plegaria, de entre los dioses, a Gea, la primera que profetizó. Después de ella a Temis, que se sentó en el lugar profético de su madre, según se dice. En el tercer lugar de asignación, por voluntad de Temis y sin mediar violencia de nadie, otra Titánide, hija de Tierra, se sentó, Febe. Esta lo entrega como regalo natalicio a Febo, que toma de Febe ese nombre añadido al suyo[24].

Este relato esquileo de lo sucedido en Delfos contrasta con el *Himno homérico a Apolo* y otras versiones de esta especie de «mito de sucesión» en la sede oracular. En el *Himno*, Apolo aparece como fundador del oráculo y único poseedor de la sede (no hay relato de sucesión) tras matar a una *drákaina* (dragona). Por otra parte, en

24. A. *Eu*. 1-8.

un escolio al verso segundo de *Euménides* se dice que, según Píndaro, Gea fue subyugada violentamente (*pròs bían*) por Apolo, y Eurípides, en *Ifigenia entre los Tauros*, narra que Leto, tras parir a Apolo en Delos, lo llevó a Delfos y allí fue atacada por *Pýthōn*, siendo el propio Apolo niño el que mató con sus flechas al *drákōn*.

El comienzo de *Euménides*, con una versión diferente del mito en la que no tiene cabida la violencia de Apolo, encaja muy bien con el final de la trilogía trágica, cuando es la persuasión de Atenea, y no el arco de Apolo, la que se impone a los deseos de venganza de las Erinias. No aparece en este prólogo el Apolo que subyuga a la *drákaina* en Delfos, y tampoco es él quien subyuga a las Erinias en el Areópago al final de la pieza. Muy probablemente esta versión es invención de Esquilo para la ocasión[25]. Esta es la idea que yo destacaría en las palabras de la profeta: la referencia expresa a una sucesión *pacífica* y por línea femenina en la sede oracular, acorde con el triunfo de Atenea al final de la trilogía[26].

Las Erinias estaban muy estrechamente ligadas a la idea de Justicia. Se ha dicho de ellas que «para un ateniense culto del año 458 a. C., las Erinias eran vengadoras del asesinato, el perjurio y otros delitos graves, que podían exigir su venganza del propio malhechor o de sus descendientes. Eran defensoras de los derechos de los antepasados y, sobre todo, de los padres»[27], y también

25. Vid. Sommerstein 1989, *ad loc.*, y Mitchell-Boyask 2013: 30-31.
26. Conacher 1987: 139.
27. Sommerstein 1989: 9.

que «las Furias no son ni espíritus anárquicos y primitivos de la violencia ni servidoras de Zeus, sino colaboradoras invisibles de Zeus como guardianas y ejecutoras de aquellas leyes que forman parte esencial del orden cósmico que administra el padre de los dioses y de los hombres»[28].

Las Erinias, pues, invocan a la Justicia. Si se puede matar a una madre impunemente, ¿dónde queda la Justicia?, ¿dónde están los límites de lo permitido? Proclaman las diosas los beneficios de la contención y del miedo como elementos inspiradores del buen orden justo antes de afirmar que ni la anarquía ni el despotismo son defendibles:

«Oh, Justicia, oh tronos de las Erinias». Así quizá un padre, o una madre que acaba de ser víctima emitiría este lamento al venirse abajo la casa de Justicia. Hay ocasiones en las que está bien lo que causa espanto y que el miedo guardián de las mentes se siente por encima: conviene alcanzar la sensatez bajo la presión. ¿Qué hombre que en absoluto †en el miedo† alimente su corazón, o qué ciudad de mortales, da igual, veneraría la Justicia? No alabes una vida en la anarquía ni bajo el despotismo[29].

En términos parecidos se expresará Atenea:

---

28. Bacon 2001: 50.
29. A. *Eu*. 511-527.

Aquí, en el Areópago, el respeto y el miedo innato a los ciudadanos impedirá cometer injusticia tanto de día como de noche, si los propios ciudadanos no introducen novedades en las leyes. Si con malas corrientes de cieno manchas el agua limpia, en modo alguno encontrarás qué beber. No reverenciar ni la anarquía ni el despotismo aconsejo a los ciudadanos y no expulsar completamente el miedo de la ciudad. Pues ¿quién de entre los mortales se mantendría dentro de la justicia si no temiera nada? Ciertamente, venerando en justicia tal poder, una protección salvadora de esta tierra y esta ciudad tendrías, cual ningún otro de los hombres tiene, ni entre los escitas ni en la tierra de Pélope[30].

Atenea se coloca muy cerca de estas figuras que representan la Justicia y las confirma en su antiguo papel de perseguidoras de la culpa heredada. Siguen siendo deidades ctónicas, del Inframundo, con el poder de herir o bendecir, pero la diosa ha encontrado la forma de sustituir el enfrentamiento sangriento por un juicio ante un tribunal[31].

Este es el triunfo de Atenea. La diosa, ante un dilema semejante, en cierta medida, al de Pelasgo en *Suplicantes*, decide no decidir y esto es significativo, ya que pasamos de considerar el caso particular del destino de Orestes a una reformulación más amplia de la justicia que reconoce perspectivas, a menudo conflictivas, que

30. A. *Eu*. 690-703.
31. Garvie 2016: 75.

una comunidad bien ordenada debe mantener en equilibrio[32].

En definitiva, no queda clara ni la manida oposición del principio masculino frente al femenino, ni tampoco la victoria de los dioses olímpicos sobre los dioses ctónicos. ¿Cómo decir que las Erinias han sido vencidas si ellas, que no habían tenido culto hasta entonces, son ahora diosas veneradas? De hecho, en esta peculiar tragedia de súplica, el final no es la aceptación del suplicante Orestes, que de hecho se va de vuelta a Argos, sino la bienvenida en Atenas de unas diosas ctónicas que no habían recibido culto antes[33].

El triunfo de la persuasión es absoluto, como el de Atenea. La diosa pasa muy de puntillas por encima del crimen de Orestes, al que no llega a exculpar de manera clara y, por supuesto, no quita importancia a lo que ha hecho. Pero busca una salida. Al final, ella, Atenea, cumple el deseo de Clitemnestra de un nuevo comienzo, de acabar con la cadena de venganzas y derramamiento de sangre. La sucesión en Delfos, tal como la cuenta Esquilo, debería ser un modelo de sucesión en el que el poder se transmita «por propia voluntad», «sin mediar violencia de nadie». Y en el terreno privado también se pasa de la justicia retributiva, del ojo por ojo, a la justicia de los tribunales.

Ni *Euménides* ni ninguna otra pieza del teatro de Esquilo puede verse reducida a una lectura política, como

32. Burian 2023: 135.
33. Sommerstein 1989: 10; Podlecki 1989: 5.

si su mensaje fuera meramente didáctico, pero es muy probable que en esta obra el poeta buscara ayudar a la concordia civil en un momento muy complicado de la ciudad, con los demócratas, defensores de la reforma del Areópago, enfrentados a los conservadores, que se oponían a tal reforma. Probablemente no tenga mucho sentido preguntarse en qué lado se situaría Esquilo, pero lo que ofrecería en *Euménides* sería la idea de evitar la *stásis*, la discordia civil, centrando en la institución del Areópago la representación de un orden que, a través del miedo –ese miedo disuasorio del mal del que hablaban las Erinias, pero también Atenea– pusiera fin a la justicia del ojo por ojo[34].

En *Euménides*, pieza final de la trilogía, se da una solución a la cadena –que parecía interminable– de asesinatos y venganzas. Se trata de una solución política: la creación del Areópago, un tribunal que se encargará en adelante de los delitos de sangre. Orestes queda libre de rendir cuentas por el asesinato de su madre, aunque eso no quiere decir que quede «limpio», ya que, de hecho, deberá sufrir una purificación. Cuando toma la palabra Atenea, aunque defienda a Orestes, no repite ni asume aquel famoso argumento según el cual Orestes no es sangre de su madre, aquel argumento que negaba que la madre fuera madre. Atenea no rebate los argumentos de las Erinias y busca una vía de salida, siendo ella, y no Apolo, quien facilita la pervivencia de la casa. Como se

---

34. Giannotti 2018.

ha comentado en estudios recientes sobre esta última pieza de la trilogía, quizá el problema que se plantea es irresoluble y sea demasiado pedir a Esquilo que diera con la solución a un dilema como el de la libertad de decisión o la responsabilidad en un caso como este, en el que el derecho legítimo a vengar la muerte de un padre entra en conflicto con la acción monstruosa de matar a una madre. El tragediógrafo plantea el conflicto (esta es la esencia de la tragedia), resuelve en el plano político la situación y deja abierta la cuestión de la «culpa»[35]. Una vez más, nos corresponde a nosotros no simplificar la riqueza de estas obras maestras de la tradición griega y no obviar las muchas capas del conflicto trágico.

Violencia y persuasión en la unión sexual: Ío en *Suplicantes*

Continuando con esta dinámica entre el uso de la violencia o de la persuasión para resolver conflictos, podemos volver ahora a *Suplicantes*. Si en el capítulo anterior

---

35. Garvie 2016: 76: «Aeschylus could hardly have made it clearer that the problems raised by the first two plays of the trilogy are insoluble, at least on the human level». En el mismo sentido, Marshall 2017: 11, «human make choices that have been fated long before, but this in no way absolves them of the moral consequences of their actions. It is not a playwright's job to resolve theological questions surrounding free will. What he can do, however, is dramatize a situation in which a freely chosen action that is unambiguously good –the rightful revenge of a murdered father– is at the same time one of the most horrific, monstrous crimes imaginable –the murder of one's mother».

analizamos la relevancia del mito de Procne en esa pieza, ahora le toca el turno a Ío, otro personaje invocado por las hijas de Dánao. Las Danaides mencionan la historia de Ío para argumentar ante el rey de Argos que también ellas son de ascendencia argiva. Los amores de Zeus e Ío, sacerdotisa argiva, y los celos de Hera, con sus terribles consecuencias para la joven, aparecen en otros lugares de la literatura griega. De manera muy resumida podemos recordar que Ío era una sacerdotisa de Hera, hija de Ína-co, a la que Zeus desea, despertando los celos de Hera. Esta la transforma en vaca y le pone como guardián a Argos, el de los cien ojos. Zeus envía a Hermes a matar a Argos y Hera le envía entonces a la pobre doncella un tábano que la persigue y no la deja descansar. En algunas versiones es Zeus quien metamorfosea a Ío en vaca, para no levantar sospechas por prestarle su atención, y se une a ella como toro.

El hecho llamativo en *Suplicantes* es que las Danaides, además de mencionar la historia de Ío para demostrar que, aunque procedan de Egipto, como muestra su piel oscura, tienen su origen en Argos, la misma ciudad a la que llegan solicitando asilo, parecen además desear su mismo destino. La forma amable en la que se refieren a la unión entre Zeus y su antepasada Ío es algo que se ha visto en ocasiones como contradictorio con el rechazo de las hijas de Dánao a la unión sexual; sin embargo, como ya he intentado demostrar, su rechazo no es hacia la unión sexual en términos absolutos ni hacia los hombres en general, sino a la unión mediante violencia. En el relato que hacen las Danaides de esta historia mítica, la unión de Zeus e Ío es voluntaria y no violenta. Así, en el primer estásimo, cuando se inserta el mito, se habla de una «feliz historia», del «toque sanador» de Zeus y del «irreprochable hijo» que nace de esa unión[36]. En la versión que Esquilo pone en boca de las hijas de Dánao no solo se libera a Zeus de la responsabilidad de metamorfosear a Ío en vaca –que pasa a Hera–, sino que se incide especialmente en cómo la divinidad apacigua los dolores de la muchacha con su mano sanadora.

Conviene recordar que el mito no existe si no es en sus diferentes versiones, que el poeta elabora de acuerdo con una larga serie de circunstancias: el contexto de la pieza, el público al que se dirige, el género en el que compone, etc. Esto es importante porque en ocasiones se sugiere que las Danaides «manipulan» el mito para hacer de Zeus un amable seductor. Así, por ejemplo, se dice que las Danaides suprimen el «hecho» de que fue a causa del deseo de Zeus que Ío fue transformada en vaca y que presentan la unión entre ambos de manera eufemística, caracterizando al dios como liberador y sanador[37]. Pero hablar de «hechos» tratándose de mitos es mucho decir. Del mismo modo, leemos que las Danaides «se olvidan» de que fue Zeus el causante de la desgracia de Ío[38]. Resulta curiosa, y casi ingenua, esta manera de «regañar» a las Danaides por no saberse el mito; una verda-

36. Véase Calderón Dorda 2014.
37. Brill 2009: 172-174.
38. Garvie 2016: 37.

dera demostración de *mansplaining* por parte de los comentaristas (en algunas ocasiones –pocas–, también mujeres) que les explican a las Danaides cómo fue *de verdad* la historia. En realidad, es el poeta, obviamente, quien acomoda la versión mítica a la intención y contexto de la obra en la que se inserta, como siempre sucede.

El poeta elige para esta tragedia una versión del mito de Zeus e Ío que puede servir como paradigma de la opción defendida por las Danaides: una unión sexual de la que esté ausente la violencia. Cuando invocan a Zeus, las Danaides lo hacen con una de las fórmulas típicas de la súplica, «has hecho esto antes por mí, hazlo de nuevo ahora»: piden al dios que las libere de sus tormentos como antes liberó a Ío de los suyos[39].

Parece más difícil explicar el papel que este personaje tiene en otra obra de Esquilo, *Prometeo encadenado*[40]. En principio, nada haría pensar al auditorio que Ío podía presentarse en escena, ya que su historia y la de Prometeo no estaban conectadas. Sin embargo, Esquilo establece una relación doble entre ellos, primero a través de Heracles y, en segundo lugar, por su condición de víctimas de Zeus.

Ío entra en escena enloquecida, a la carrera, huyendo del tábano, suplicando a Zeus que aparte de ella el tormento y preguntándole qué ha hecho para merecer esta

---

39. Belfiore 2000: 46.
40. Más detalles sobre esta obra se dan en el epígrafe siguiente.

tortura. Prometeo la reconoce inmediatamente y se dirige a ella como hija de Ínaco. Conoce también su historia: menciona el eros de Zeus y la violencia de Hera. Al ver lo que ya sabe de ella este personaje del que Ío ignora todavía la identidad, le pide que le cuente el futuro si lo conoce. Prometeo le responde así:

> Te diré claramente todo lo que deseas conocer, sin enredarlo con enigmas, sino con palabras sencillas, como es justo que se hable a los amigos. Estás viendo a Prometeo, el que dio el fuego a los mortales[41].

Al enterarse de que se trata de Prometeo, Ío, con una muestra evidente de empatía, se olvida por un momento de su propio dolor y quiere indagar también en su historia, saber qué le ha sucedido para encontrarse así, encadenado a una roca. Prometeo, aunque acaba de contárselo todo al coro de Oceánides, responde a las preguntas de Ío, que son breves y concretas.

Después de interesarse por él, Ío vuelve a preguntarle qué destino le espera a ella. Prometeo no quiere responder, no quiere atormentarla dándole a conocer su futuro, pero ella insiste. Y antes de que Prometeo diga nada, cuando está a punto de hablar, el coro lo interrumpe para pedir que, antes de que desvele el futuro de Ío, esta les cuente a ellas su historia pasada hasta ese momento, algo a lo que ella accede.

41. A. *Pr.* 609-612.

Ío relata que tuvo sueños persistentes en los que se le decía que debía unirse a Zeus. Cuando se lo contó a su padre, este consultó los oráculos de Delfos y Dodona. Los oráculos eran oscuros, pero, finalmente, Ínaco supo que tenía que expulsar de su casa y del país a su hija si no quería que todo su linaje fuera destruido. A su pesar, obligado por la fuerza y sin quererlo ella ni él[42], la hace abandonar el hogar y la deja sola, entregada a su suerte. A continuación relata su metamorfosis y la huida perseguida por el tábano.

Tanto Ío como Prometeo fantasean con la posibilidad de que Zeus sea destronado. Ío pregunta si es posible y Prometeo confiesa parte de su secreto: lo será si Zeus se une a una esposa –el público sabe que se refiere a Tetis– que le dé un hijo superior a él[43]. Prometeo revela casi todo, pero cuando Ío le pregunta si esa esposa es una diosa o una mortal el Titán responde que no puede decirlo. Ío sigue preguntando: ahora quiere saber quién será el liberador de Prometeo. El Titán responde que un descendiente de ella, y ella quiere saber más, así que Prometeo le da a escoger: o le cuenta qué pesares le aguardan todavía a ella, o le cuenta quién lo va a liberar. Interrumpe entonces el coro, como niñas deseosas de es-

---

42. A. *Pr.* 670-671. El léxico de la voluntad es muy claro en este pasaje: ἄκουσαν ἄκων, *ákousan ákōn*, contra la voluntad de Ío y contra la voluntad de su padre.

43. El público de entonces y los lectores de ahora sabemos que se trata de Tetis, una divinidad marina que los dioses acabarán uniendo a un mortal, Peleo, y que engendrará, efectivamente, a un hijo superior a su padre: Aquiles.

cuchar cuentos: le piden al Titán que le cuente a Ío su destino y a ellas, al coro, quién será su liberador. Y Prometeo, como siempre, accede.

A Ío le detalla su vagabundaje insertando, al final, la historia de las Danaides. Merece la pena recordar el pasaje completo en el que se hace referencia a esta historia. Al final de su largo peregrinaje, Zeus le devolverá a Ío la forma humana y la hará engendrar un hijo con el simple roce de su mano:

Parirás al oscuro Épafo, llamado así por la forma en la que Zeus lo engendró[44], que recogerá el fruto de cuanta tierra riegue el Nilo de anchas corrientes. Cinco generaciones después de él, una femenina descendencia formada por cincuenta muchachas regresará a Argos contra su voluntad, huyendo de una unión sexual en su misma familia, con sus primos. Estos, excitados sus ánimos, como halcones persiguiendo de cerca a palomas, llegarán a cazar una unión que no debía ser cazada y una divinidad vengará la posesión de esos cuerpos que no debían haber sido cazados. La tierra de Pelasgo se humedecerá por un Ares que mata con mano de mujer subyugándolos con una audacia que vela en la noche. Cada mujer privará de la vida a su esposo, hundiendo el puñal de doble filo en los degollamientos. ¡Una noche de bodas como esta tengan mis enemigos! Una sola de las muchachas fue encantada por el deseo para no matar a su compañero de lecho y su

---

44. El verbo *epapháō* significa «tocar», de modo que Épafo sería algo así como «Toque», «Roce».

ánimo se debilitó. Escogió la alternativa de ser llamada cobarde en vez de homicida. Esta (Hipermestra) será la madre del linaje real de Argos. Hace falta un discurso muy largo para contarlo todo en detalle, pero el caso es que nacerá de ella un audaz vástago, famoso por sus flechas (Heracles), que me liberará de estos trabajos. Tal es el oráculo que la Titánide Temis, de antiguo linaje, mi madre, me relató[45].

Tras oír el final de su historia, Ío abandona la escena conmocionada y acosada por el tábano.

El relato de Prometeo relativo a la historia de las Danaides es acorde con el que aparece en *Suplicantes*, con una clara descripción de la violencia de los hijos de Egipto, comparados también aquí con halcones que persiguen a palomas. Se añade el detalle no banal de que un dios se encargará de vengar los excesos de los hijos de Egipto. Sin embargo, por lo que se refiere a Zeus, en *Prometeo encadenado* no es una figura tan amable como lo era en *Suplicantes*. En esta obra Ío es, igual que Prometeo, víctima de su violencia, de su carácter excesivo y tiránico. Así es como encaja la historia de Zeus e Ío en esta pieza, en la que tenemos un nuevo ejemplo de cómo los poetas pueden acomodar los mitos a sus intereses, en este caso un mito secundario a la trama principal.

Entre Ío y Prometeo se establece una solidaridad, como sucede también entre el coro de Oceánides y el Titán, de la que hablaré en el siguiente capítulo.

45. A. *Pr.* 850-874.

Astucia: guerras de dioses y mitos de sucesión en *Prometeo*

Detengámonos ahora con un poco más de detalle en *Prometeo encadenado*, que escenifica el castigo del Titán Prometeo, al que Zeus ha encadenado a una roca por haber favorecido en exceso a los «efímeros», forma en la que el poeta se refiere a los mortales a lo largo de la obra. La adscripción de esta tragedia a Esquilo es motivo de debate. Hay quienes defienden su autoría, tal como se creyó en la Antigüedad, y quienes encuentran demasiadas diferencias entre esta obra y el resto de tragedias conservadas del autor. La obra fue transmitida en la tradición manuscrita con el resto de piezas conservadas del tragediógrafo. La crítica moderna, desde la segunda mitad del XIX, ha puesto en duda la autoría de Esquilo argumentando razones métricas, de estilo y de contenido. Se trata de un debate complicado, ya que las supuestas «rarezas» de *Prometeo encadenado* lo son en relación con las seis tragedias conservadas de Esquilo, de entre una producción que debió de ser de unas noventa. Una de las propuestas más extendidas afirma que la obra pertenece a Euforión, hijo del dramaturgo, que la reelaboraría a partir de materiales inacabados dejados por su padre y la presentaría como de Esquilo.

Aunque es un asunto también sujeto a discusión, parece que esta tragedia sería la única conservada de una trilogía de la que formarían parte *Prometeo liberado* –en la que el Titán recobraba su libertad gracias a Heracles, que también mataba al águila que le devoraba el hígado– y *Prometeo portador del fuego*, cuyo argumento no conocemos con certeza y que, quizá, abría la trilogía. Entre los títulos atribuidos a Esquilo está también un *Prometeo encendedor del fuego*, que alguna vez fue entendido como un doblete del portador del fuego, pero que parece más bien el título del drama de sátiros que acompañaba a la trilogía de la que formaba parte *Persas*[46]. Los fragmentos conservados solo permiten plantear hipótesis: si *Prometeo portador del fuego* trataba del asunto del robo del fuego por parte del Titán y si estamos realmente ante una trilogía, esta pieza podría abrirla; si, en cambio, el argumento de la obra giraba en torno a un posible establecimiento de un culto a Prometeo, la cerraría. Si, como también se ha propuesto, el *Prometeo portador del fuego* era la misma obra que *Prometeo encendedor del fuego*, estaríamos ante dos piezas encadenadas, el *Prometeo encadenado* y el *Prometeo liberado*, que irían seguidas de una tercera tragedia que no conocemos.

En Hesíodo, tanto en *Teogonía* como en *Trabajos y días*, aparece Prometeo y, si combinamos las dos versiones del relato hesiódico, resulta ser hijo del Titán Jápeto, y se dice de él que, cuando hombres y dioses todavía convivían, entra en un duelo de astucia con Zeus por favorecer a los mortales. Zeus castiga el intento de engaño

---

46. Sobre los problemas de autoría y sobre la posible existencia de una trilogía sobre Prometeo, vid. Calderón Dorda 2015: LIV-LXXXIV.

de Prometeo privando a los mortales del fuego; Prometeo responde robándolo y dándoselo de vuelta a los hombres, y Zeus castiga este acto entregándoles a los hombres a Pandora junto con los males de los que era portadora.

Entre Hesíodo y Esquilo apenas hay huellas de Prometeo. En *Prometeo encadenado* él mismo dice ser un Titán y no aparece mencionado ni su padre Jápeto, ni su hermano Epimeteo, ni Pandora, ni el famoso duelo de astucia. Por otra parte, existen diferencias entre ambos autores por lo que se refiere a su papel en el episodio crucial de las luchas por el poder en el Olimpo. Cuando Zeus tiene que enfrentarse a los Titanes, frente a lo que narraba Hesíodo, según el cual Gea era la que aconsejaba a Zeus y al resto de olímpicos para que llamaran en su ayuda a los Hecatónquiros, en Esquilo es Prometeo quien tiene un papel clave en la victoria de Zeus actuando como consejero suyo. Y, fundamentalmente, Prometeo es en esta tragedia conocedor de un secreto necesario para que Zeus conserve su poder.

El argumento de la pieza es como sigue. La escena se sitúa en un lugar desolado en Escitia. De algún modo estaría representada la roca a la que por orden de Zeus ha sido encadenado el Titán. El coro lo forman las Oceánides, hijas de Océano y Tethys[47]. Prometeo lamenta la

---

47. Es importante en este caso mantener la grafía *Tethys* para que esta diosa no se confunda con otra divinidad marina, Tetis, madre de Aquiles, que tiene un papel importante en *Prometeo encadenado* aunque no sea un personaje de la obra.

crueldad de Zeus, pero dice conocer un secreto fundamental que el soberano de los dioses y los hombres necesita para no perder el poder como ya les había sucedido
a sus predecesores, Urano y Crono, algo que piensa que
jugará en su favor. Por escena pasan Océano, padre de las
Oceánides, que, pese a sus ofrecimientos de hacer de
mediador con Zeus, es rechazado por Prometeo, y también Ío, princesa argiva deseada por Zeus y transformada en vaca por los celos de Hera. Prometeo le revela su
futuro y le dice que él mismo será liberado por un descendiente suyo, Heracles. La obra se cierra con la llegada
de Hermes, que amenaza a Prometeo para que revele su
secreto relativo al futuro de Zeus. El Titán se niega y
Hermes le advierte duramente: Zeus enviará un rayo
que aplastará bajo tierra durante generaciones a Prometeo. Tiempo después, cuando logre salir del aplasta-
miento, Zeus enviará un águila que le devorará el hígado. Prometeo se mantiene firme y recibe el apoyo del
coro.

Sin entrar en la disputa sobre su autenticidad, trataré
Prometeo encadenado como si fuera de Esquilo, sin que
eso suponga una toma de postura por mi parte. Algunas
de sus características más peculiares son que el protagonista no es un «personaje elevado», sino un dios, o que
comete una *hamartía* (el «error trágico», según Aristóteles), sí, pero deliberadamente, o que no hay *peripecia*
(la acción no da ningún vuelco) ni *anagnórisis* (no hay
ninguna escena de reconocimiento), ni el protagonista
parece «aprender» nada nuevo en el transcurso de la

Cerámica de figuras negras que representa el castigo de Prometeo: un águila le picotea el hígado mientras está atado a una columna, *ca*. 550 a. C. Museos Vaticanos, Roma.

obra. Aunque se pueden introducir matices en todas estas afirmaciones, las cosas parecen así a primera vista.

El enfrentamiento entre Zeus y Prometeo se inserta en el relato de las luchas por la sucesión en el Olimpo. En la tragedia de Esquilo esto se plantea como un combate no tanto entre violencia y persuasión, que ya hemos visto en otras obras, sino más bien entre violencia y astucia.

Las luchas de sucesión por el poder entre los dioses tienen una versión que consideramos canónica en la *Teogonía* de Hesíodo. Con paralelismos bien estudiados con otros mitos mesopotámicos y babilonios, nos encontramos con un primer dios –Urano (Cielo)– que es desposeído del trono por su hijo Crono. Urano no tendrá en adelante más función en el universo mitológico y quedará convertido en el cielo inerte, una vez Crono lo ha castrado y separado de Gea, la Tierra, de la que no se apartaba, impidiendo a los hijos concebidos nacer y al mundo existir. Separados ya Cielo y Tierra, el universo empieza su andadura con Crono como soberano. Tampoco este permite vivir a sus hijos y los devora a medida que van naciendo. Rea, su mujer, consigue engañarlo cuando nace Zeus. Le entrega una piedra en lugar del niño y a este lo coloca lejos, a buen recaudo. Crono se verá obligado a vomitar, junto con la piedra, a los hijos que habían nacido antes y había ido devorando. También él tendrá que ceder el trono a Zeus, que lo vence gracias a la astucia y al engaño, como había hecho él con su padre antes. La lucha de Zeus no termina ahí, y, para asegurar su poder, tendrá que enfrentarse a los Titanes, dioses de la generación de Crono, y al monstruo Tifón.

Lo fundamental en la tragedia de Esquilo es el papel de Prometeo en la Titanomaquia, es decir, en el enfrentamiento crucial que Zeus mantiene con los Titanes antes de hacerse con el poder de modo definitivo. Si en la versión de Hesíodo Gea le sugería a Zeus que buscara el apoyo de los Hecatónquiros, en Esquilo es Prometeo quien lo ayuda, primero tratando de convencer a los Titanes de que no empleen la fuerza contra él –ya que sabía gracias a su madre Temis que el poder sería de quien actuara, no con la fuerza bruta, sino con el engaño– y, después, fracasado este intento, colocándose de su lado:

Tan pronto como dio comienzo la cólera de los dioses y estalló la guerra entre ellos, unos queriendo arrojar de su sede a Crono, se entiende que para que gobernase Zeus, otros trabajando para que Zeus nunca fuera soberano de los dioses, yo, que quise dar los mejores consejos a los Titanes, hijos de Urano y Gea, no lo logré. Despreciando astutas estratagemas, con obstinado orgullo, pensaban hacerse con el mando sin trabajo, por la fuerza. Pero a mí mi madre Temis, también llamada Gea, una persona de muchos nombres, más de una vez me había profetizado cómo sería el futuro, que vencerían los que sobresaliesen en el engaño, no por la fuerza o el poder. Tales cosas les dije y ni considerarlas quisieron. Entonces me pareció que la mejor de las opciones que se me presentaba era coger a mi madre y colocarnos, queriendo nosotros y queriéndolo él, del lado de Zeus. Y por consejo mío la caverna del oscuro y negro Tártaro esconde a Crono y a los que a su lado lucharon. Y después de recibir de mí tales beneficios el tirano de los dioses, con tales terribles castigos me ha pagado. Pues es esta la enfermedad que se da en la tiranía, no hacer caso a los amigos[48].

Al final de la pieza se mencionará de nuevo el mito de sucesión, cuando Hermes entre en escena y le exija a Prometeo que revele su secreto, ese que impediría que

48. A. *Pr.* 199-225.

Zeus sea también destronado como les ocurrió a sus predecesores. Prometeo le responde así:

> Jóvenes como sois hace poco que gobernáis y os creéis que habitáis una ciudadela libre de lamentos. Pero ¿no he visto yo ya a dos tiranos ser expulsados de ahí? Al tercero, al que ahora es rey, lo veré, muy vergonzosamente y muy pronto. ¿Te parece que me espantan y me hacen temblar los dioses nuevos? ¡Muy lejos de eso estoy! Tú apresúrate a hacer de vuelta el camino, no escucharás de mí nada de lo que me has preguntado[49].

Prometeo ya ha visto caer a Urano y a Crono, y augura el mismo final para Zeus, uno de los «dioses nuevos», como también decían las Erinias de Apolo y Atenea. Si Hesíodo desarrollaba en sus dos obras conservadas, *Teogonía* y *Trabajos y días*, el duelo de astucia entre el Titán y Zeus, Esquilo hace de Prometeo una víctima de un dios tirano que lo castiga por favorecer a la humanidad, pero que, sin saberlo, tiene su futuro ligado a él, ya que el Titán es conocedor de la clave para que el «nuevo» monarca mantenga su poder y no lo pierda como, antes que él, lo perdieron Urano y Crono. Estos dos dioses fueron derrocados mediante engaño y Zeus, aunque más astuto que ellos, corre el riesgo de ser suplantado también por un hijo suyo. El secreto del que se habla a lo largo de toda la tragedia y que casi llega a desvelarse es

49. A. *Pr.* 955-963.

que, si nadie advierte a Zeus de que no se una con Tetis, puede tener con ella un hijo que acabe con su reinado.

Prometeo posee ese secreto y lo que lamenta, sobre todo, es la crueldad de Zeus, al que él había ayudado en su combate contra los Titanes. Sin embargo, afirma Prometeo, una vez Zeus se hizo con el poder, el rey de los dioses pretendió eliminar la raza de los hombres y crear otra nueva, un plan al que solo Prometeo osó oponerse ganándose el terrible castigo del nuevo soberano.

El conflicto quizá se resolvía en la continuación de la trilogía, si es que se trataba de una trilogía. El hecho de que Prometeo sea también un dios y no se sienta amenazado por la muerte, unido a que posee una baza que usar contra su oponente, el famoso secreto del que tanto se habla en la obra, hace que no tengamos fácil saber cómo resolvía Esquilo el nudo. Ni la violencia ni la persuasión lo van a doblegar.

Ni Zeus ni Prometeo están dispuestos a ceder ante *Peithó*; el Titán, en concreto, advierte de que no revelará su secreto ni movido por encantadoras palabras dulces como la miel ni por amenazas, por terribles que sean[50]. Pero sabe que al tirano no le quedará más remedio que dar su brazo a torcer si quiere llegar a conocer el secreto que posee el Titán. Prometeo llega incluso a anunciar una armonía entre ambos: «Con prisa vendrá entonces a mí, que sentiré esa misma urgencia, buscando armonía

---

50. A. *Pr.* 172-174.

y amistad»[51]. A lo largo de toda la obra se deja claro que entre Zeus y Prometeo habrá acuerdo, aunque no necesariamente reconciliación.

En *Prometeo encadenado* el conflicto se da entre dos figuras, Zeus y Prometeo, que parecen tener mucho en común[52]. Los dos están caracterizados por la testarudez (la *authadía* que Prometeo atribuye a Zeus y Hermes a Prometeo), la falta de humildad (*tapeinótēs*, que Prometeo achaca a Zeus y Océano a Prometeo), la *hýbris* (el Titán afirma que se puede ser insolente contra los insolentes) y una manera de hablar altisonante (*hypségoros*, un adjetivo que le aplica Prometeo a Zeus y Océano a Prometeo). Esta curiosa «reciprocidad», sin duda buscada, se resolvería, quizá, en la continuación de la trilogía, y, por otro lado, como en todo conflicto trágico, la razón no está de un solo lado: Zeus es el soberano legítimo y tiene que enfrentarse a un traidor que ha querido compartir privilegios divinos con los hombres; por su parte, Prometeo, que antes había sido su aliado, se supo oponer a él cuando arbitrariamente decidió aniquilar a la humanidad.

El duelo entre ambos no se resuelve en esta pieza. Si se trataba de una trilogía, si la historia continuaba, ¿recurrirían a la astucia, como ya habían hecho en el duelo que narraba Hesíodo en *Teogonía*, ya que ni la violencia ni la persuasión parecen tener la fuerza suficiente para

---

51. A. *Pr.* 191-192.
52. Podlecki 1969; Griffith 1983.

inclinar a un lado u otro la balanza? No lo sabemos. Se trata de una disputa entre dioses que presenta unas características peculiares, como que el conflicto se dé entre Prometeo y Zeus, pero este último no aparezca en escena. Quienes sí lo hacen son Ío, en uno de los episodios, y el coro de Oceánides a lo largo de toda la pieza. Con ellas establecerá Prometeo relaciones que nos permitirán seguir reflexionando sobre la emoción fundamental de la tragedia: la compasión, *éleos*, a la que me referiré en el próximo capítulo.

En las tragedias que he recordado en este capítulo asistimos a las guerras entre los dioses viejos y los dioses nuevos: las Erinias, en *Euménides*, se ven a sí mismas como diosas de una generación anterior frente a los «nuevos» Apolo y Atenea; Prometeo habla de los «jóvenes» dioses en referencia desdeñosa a Hermes en *Prometeo encadenado*. Observamos cómo, en estas disputas divinas, a los dos modos habituales de tratar las desavenencias, la violencia o la persuasión, se les suma una nueva opción: el engaño o, mejor dicho, la astucia. Prometeo es el dios que lleva en su nombre la *Mêtis*, la personificación de la inteligencia astuta[53]. *Pro-meteo* es quien reflexiona y medita antes de actuar, frente a su hermano *Epi-meteo*, que actúa de manera irreflexiva. Pero Prometeo, pese a esa ventaja, tiene enfrente a Zeus, que no en vano devoró e incorporó, literalmente, a la divinidad que personifica-

53. El estudio fundamental sobre la *mêtis* es Detienne y Vernant 1988.

ba a la astucia, a la propia Metis. Cuando Zeus engulle a Metis, se convierte en Zeus *Mētióeis*, en el dios providente. Esta astucia la hereda su hija Atenea, a la que estaba a punto de parir Metis cuando Zeus la devora y que, por eso mismo, nacerá de la cabeza del propio Zeus. Atenea tiene, así, a su disposición todas las armas: la fuerza, la persuasión y también la astucia, y recurre a ellas con versatilidad, según le conviene. Así es como la encontramos en la *Orestía*, empleando la persuasión y ofreciendo una salida a la cadena de crímenes y venganzas que habían hecho presa de la casa de los Atridas.

Quizá, sin desdeñar el resto de interpretaciones de esta trilogía, no esté de más tratar de recuperar a Atenea para el pensamiento feminista. Tantas veces hemos leído y escuchado que Atenea era una diosa masculina, que muchas hemos acabado repitiendo esta misma idea, pero quizá sea esta una conclusión equivocada, producto de un razonamiento errado. Si partimos de la premisa de que la inteligencia y la sabiduría, emblemas de esta diosa, son atributos masculinos, si proyectamos acrítica e inexorablemente parámetros de género, cambiantes por definición a lo largo de la historia, sobre toda una civilización, la de la Grecia antigua, y, en concreto, sobre Esquilo, estaremos perdiendo la oportunidad de aprender algo de este autor, de Atenea y de la Grecia antigua en general.

Esquilo le da la victoria a Atenea en el juicio del Areópago y, previamente, al inicio de la trilogía, había ofrecido un modelo de sucesión en el poder, libre de violencia y por vía femenina, con el relato de lo ocurrido en Delfos. No son las Erinias las que pierden el duelo, sino un Apolo que solo conoce, en esta obra, la fuerza bruta, ignorando el valor de la persuasión o la astucia. Es difícil ir contra tradiciones interpretativas muy asentadas, centradas en la demonización de Clitemnestra y de las Erinias, y en la «neutralización» del género de Atenea, pero, quizá, debajo de toneladas de exégesis realizadas con una perspectiva no humanística sino un poco tuerta, *to say the least*, encontremos en la *Orestía* un modelo eficaz de negociación de conflictos gestionado por una *diosa*, no un dios. Esa fue al menos la elección de Esquilo.

5. Seres efímeros

Existen numerosos estudios sobre la religión en la obra
de Esquilo, análisis de sus tragedias como representati-
vas de una religión casi monoteísta, con un Zeus defensor de la Justicia en el núcleo de su pensamiento, una
Justicia compleja que puede manifestarse en las figuras
de Díke y de Temis. El interés de este tipo de aproximaciones a la obra de Esquilo es evidente, pero, por mi
parte, aunque sin abandonar a los dioses, quisiera des-
viar un poco el foco y dedicar este último capítulo a los
mortales, a las ideas que sobre la condición humana
deja ver Esquilo en sus versos y tramas. En la práctica es
imposible realizar limpiamente este intento, ya que los
conflictos humanos en la tragedia están condicionados
por lo que los dioses hacen y deshacen, pero aun así es
posible abordar el lado humano de unos héroes que se
ven enfrentados a conflictos y a situaciones que, aun-

que extremas, no nos resultan del todo ajenas ni irreconocibles.

Aun a riesgo de simplificar, diría que las reflexiones de los antiguos griegos sobre la condición humana no están muy lejos de las nuestras, algo que en absoluto debe extrañar. En el centro se coloca la idea de mortalidad y, dependiendo de ella, la de la sujeción al tiempo y a los límites que constriñen nuestras posibilidades de obtener orientaciones precisas cuando tenemos que tomar decisiones. Esta idea permea toda la tragedia griega. Es lo que se recoge en el calificativo de *ephémeroi* (efímeros) con el que Esquilo se refiere repetidamente a los mortales en *Prometeo encadenado*. Los dioses son inmortales, los hombres no, esa es la diferencia esencial entre ellos y nosotros, y, pese a que en la tragedia dedicada a Prometeo los protagonistas principales son los dioses, una parte sustancial del conflicto entre ellos gira en torno a su disposición hacia la humanidad, y el castigo que sufre el Titán es consecuencia de los favores que, repetidamente, ha ido otorgando a los *efímeros*.

La condición mortal y los límites que impone al conocimiento son también relevantes para entender a dos personajes que se enfrentan a decisiones de vida o muerte, Agamenón y Eteocles. En ambos casos los condicionamientos mencionados, su naturaleza *efímera* pesará en sus decisiones[1].

---

1. Sobre los mortales como «efímeros» en la antigua Grecia, vid. recientemente Bonazzi 2024.

Pero la condición humana es mucho más que su sujeción a la muerte y a los límites del tiempo, y la tragedia dedicada a Prometeo nos permite también reflexionar sobre emociones tan humanas como la solidaridad, la empatía o, de nuevo, la compasión (*éleos*), la emoción fundamental de la tragedia griega. Por ahí comenzaremos.

Prometeo y la solidaridad de un coro femenino valiente

Prometeo es un Titán, es decir, un dios, y, por eso, cuando tiene lugar el diálogo con Ío en el que le predice a la joven los sufrimientos que todavía le esperan y ella dice preferir la muerte, él responde que ojalá pudiera tener él esa salida. Estamos en el tercer episodio de *Prometeo encadenado* y entra en escena Ío, la joven sacerdotisa de Hera en Argos, transformada en novilla, perseguida por un tábano. Su sufrimiento es terrible, le cuenta a Prometeo y al coro todos los tormentos por los que ha pasado y, cuando acaba su relato, quiere saber de boca del Titán lo que todavía le espera:

Ío: ¡Ay de mí, ay de mí! ¡Ay, ay!
PROMETEO: Tú de nuevo gritas y gimes. ¿Qué harás entonces, cuando te enteres de los males que te quedan?
CORIFEO: ¿Le vas a decir acaso a esta lo que le queda de penar?

PROMETEO: Un piélago proceloso de funestas calamidades.

ÍO: ¿Qué gano yo con vivir? ¿Por qué no de inmediato me he arrojado desde esta áspera roca para que, estrellándome contra el suelo, me vea libre de todos mis pesares? Mejor morir de una vez que sufrir de mala manera todos los días.

PROMETEO: ¡Qué mal soportarías mis pruebas!, que para mí morir no está fijado por el destino, pues este sería la liberación de mis pesares. Pero el caso es que ahora no tengo término fijado de mis fatigas hasta que sea expulsado Zeus de su absoluto poder[2].

Después de habernos encontrado con una serie de personajes femeninos que expresaban su deseo de morir antes que soportar la violencia sexual, nos sorprende ahora esta afirmación de un dios, nada menos, señalando cómo ese camino no está abierto para él. La queja de Prometeo no deja de ser impresionante, por más que lo que manifieste sea algo sabido. Como dice Ío: «Mejor morir de una vez que sufrir de mala manera todos los días», pero Prometeo no puede morir, si le toca sufrir eternamente no habrá escapatoria para él. A pesar de la terrible situación en la que ella misma se encuentra, Ío se interesa por los padecimientos de Prometeo y le pregunta qué ha sucedido para que se encuentre en los confines del mundo encadenado a una roca. Esta actitud *simpática* de Ío, *simpática* en el sentido literal de «sentir con»,

2. A. *Pr.* 743-757 (trad. Enrique Ángel Ramos Jurado. Madrid: Alianza Editorial, 2017).

es la misma que mantendrán las Oceánides, las jóvenes que forman el coro, a lo largo de toda la pieza.

El coro de *Prometeo encadenado* está compuesto por muchachas, las Océanides. Se presentan como un coro amigo. De hecho, Prometeo, que ha quedado solo en la escena cuando Hefesto, que ha asegurado bien sus cadenas, y Poder y Violencia, que han supervisado implacables su acción, ya se han ido, oye un rumor que no identifica y siente miedo. Son las Oceánides, que lo saludan tranquilizándolo, diciéndole que no tema nada, que son amigas. El Titán las reconoce, las identifica como las hijas de Océano y Tethys y, en adelante, ellas se mostrarán incansables a la hora de escuchar a Prometeo, preguntándole una y otra vez detalles de su historia.

Podemos ver aquí una continuidad con Homero, y en un asunto que considero de mucho interés. Situémonos en Feacia, donde llega exhausto Odiseo tras su último naufragio. Antínoo y los feacios lo acogen, le ofrecen ropas limpias, alimento y distracciones, pero, sobre todo, le dejan llorar y le escuchan. Se ha escrito que el país de los feacios funciona como un lugar idealizado en el que Odiseo se prepara para reintegrarse a una sociedad de la que ha estado alejado durante muchos años. Allí le permiten derramar lágrimas –que brotan tras revivir emocionalmente sus muchos pesares– y compartir su relato con un auditorio compasivo[3]. Los resultados de esta «terapia» se aprecian inmediatamente después, cuando

3. Race 2014.

Odiseo abandona reconfortado el país de los feacios para reanudar el viaje a Ítaca:

> Y él, que antes había sufrido muchas penas en su corazón
> mientras pasaba por guerras y mares difíciles
> finalmente durmió sin temor, olvidando lo que había
> [sufrido[4].

Para Prometeo, el coro de Oceánides constituye también el auditorio compasivo sobre el que derramar sus lamentos. En primer lugar, porque le aseguran que, aparte de Zeus, implacable en su ira, no hay nadie que no se apiade de él y comparta su dolor[5]. Alivian así una de las preocupaciones del Titán, la de sentir la humillación de que alguien pueda alegrarse de ese sufrimiento al que está sometido, a la vista de todos. Pero además lo animan sin descanso a contarles todo lo que ha sucedido, añadiendo la delicadeza de pedirle que lo haga solo si eso no le procura más daño:

> Revélanoslo todo, haznos conocer por qué motivo te apresó Zeus y te atormenta así, deshonrosa y amargamente. Explícanoslo si no te causa daño hablar de ello[6].

Las Oceánides son divinidades del mar, aunque, frente a lo que sucede con otras figuras de este tipo, no po-

---

4. *Od.* 13.90-92.
5. A. *Pr.* 160-164.
6. A. *Pr.* 193-196.

seen el don de la profecía, ni atesoran secretos que se nie-
gan a compartir. Se da, entonces, una situación peculiar
en la que son ellas las que no saben nada y Prometeo el
que les revela sus secretos. Para entender esto hay que
detenerse un momento en figuras de la mitología griega
como Proteo y Nereo, que reciben los dos el sobrenom-
bre de «viejos del mar». En *Odisea*, Proteo es el dios marino encargado de apacentar los rebaños de focas de Posidón en la isla de Faro, cerca de la desembocadura del
Nilo. El dios tiene el don de la profecía, pero se niega a
responder a los mortales que van a preguntarle por
sus preocupaciones. Uno de esos hombres es Menelao,
quien tiene la fortuna de encontrarse en la isla con Idó-
tea, hija de Proteo, que le explica la técnica que le permitirá obligar al dios a decirle qué debe hacer para volver a
su patria, cuánto tiempo le llevará el viaje y lo que ha
ocurrido en su hogar desde que se ausentó: Menelao
ha de utilizar un abrazo denominado *sýmplegma*, que
consiste en inmovilizar al dios con sus brazos e impedirle
zafarse aunque intente hacerlo mediante sucesivas metamorfosis. Cuando el dios comprenda que no le queda
otra alternativa que compartir sus secretos para recuperar su libertad, Menelao obtendrá la información que
desea. En el caso de Nereo, padre de Tetis, contamos con
una serie bien identificada de imágenes cuyo trasfondo
mítico es uno de los famosos trabajos de Heracles: las
manzanas de oro del Jardín de las Hespérides. Para averi-
guar dónde se encuentra el jardín, Heracles pregunta a
las ninfas, que le aconsejan que vaya a ver a Nereo, divi-

nidad infalible y veraz. Heracles lo sorprende durmiendo y, pese a que el dios se metamorfosea, el héroe consigue retener en sus poderosos brazos al dios marino hasta que este vuelve a su forma original y le cuenta lo que sabe.

Quizá la más conocida de todas estas figuras marinas sea Tetis, hija de Nereo. Entregada por los dioses al mortal Peleo, ella rechaza esa unión y, de nuevo, la única manera que tiene Peleo de unirse a ella es mantenerla sujeta con el *sýmplegma*, un episodio que fue retratado numerosas veces en la cerámica griega[7]. En este caso, podemos decir que falta el detalle de que sea ella poseedora de un secreto que se le quiera arrancar, aunque, tal como leemos en *Prometeo encadenado*, la propia Tetis era «el secreto». Lo que Prometeo sabía y no quería revelar a Zeus era que quien se uniera a Tetis (y Zeus estaba entre quienes deseaban esa unión) tendría un hijo que desbancaría al padre en poder y fama.

Lo que resulta curioso, pues, y la razón por la que recupero aquí estas historias, es que este coro compuesto por hijas de Océano y, por tanto, divinidades ellas también del mar, parecen no saber nada. Más bien están deseosas de escuchar las historias del Titán. Y es Prometeo, en cambio, el que, inmovilizado como los héroes de estos episodios que acabo de mencionar, les va contando un relato detrás de otro. Y un detalle curioso más: al final, las Oceá-

---

7. Sobre los dioses marinos y las metamorfosis, vid. Frontisi-Ducroux 2006.

Cerámica de figuras rojas que representa la unión entre Tetis y Peleo, *ca*. 490 a. C. Bibliothèque Nationale de France, París.

nides dicen haber aprendido algo. Casi al final de la tragedia, Hermes las apremia a alejarse rápidamente de Prometeo, antes de que la tierra tiemble y los rayos y truenos las espanten, a lo que ellas responden: «¿Cómo me animas a actuar como una cobarde? Quiero sufrir a su lado lo que sea necesario. He aprendido a odiar a los traidores y no hay peste que abomine más que esa»[8].

8. A. *Pr*. 1066-1070.

Más adelante me referiré a la expresión *páthei máthos*, el aprendizaje a través del sufrimiento, que aparece en *Agamenón* y que ha sido muy estudiada. Aquí, en *Prometeo encadenado*, nos encontramos, quizá, con la misma idea, pero expresada de un modo diferente. Así, el Poder (*Krátos*) afirma en su primera intervención que Prometeo tiene que pagar su pena «para aprender a aceptar la tiranía de Zeus y abandonar sus modos filantrópicos»[9]. Lo repite ante Hefesto, al que apremia para que ajuste bien las cadenas, «para que aprenda que, aunque es sabio (*sophistés*), es más torpe que Zeus»[10]. Prometeo, por su parte, afirma, ya al final de la obra, dirigiéndose al coro, que Zeus aprenderá (*manthánō*) lo diferente que es mandar a ser esclavo[11]. No sabemos si en la continuación de la trilogía Prometeo o Zeus «aprenden» algo de lo que sus rivales les anuncian, pero sí que el coro de Oceánides ha escuchado a Prometeo y ha sentido con él. Y ha aprendido a odiar a los traidores, por lo que no va a abandonarlo.

Es llamativo que entre tantos reproches de histeria y cobardía hacia los coros de *Siete contra Tebas* y *Suplicantes* no se haya prestado atención al hecho de que Esquilo eligiera en esta ocasión a unas muchachas, las Oceánides, para encarnar los valores de la valentía, la solidaridad y la amistad. Al final de *Prometeo encadenado* llega

9. A. *Pr.* 10-11.
10. A. *Pr.* 61-62.
11. A. *Pr.* 926-927.

Hermes, amenazando a Prometeo para que revele su secreto relativo al futuro de Zeus. Como el Titán no se deja intimidar por las amenazas, Hermes le anuncia largos años de sufrimiento, primero aplastado bajo tierra y luego mortificado por el águila. Acaba la obra con el sonido de una fuerte tormenta, se escucha un sonoro trueno, la Tierra está a punto de quebrarse y enterrar a Prometeo, pero el Titán no está solo[12].

Los «efímeros» y la *hamartía* de Prometeo

La *hamartía* es uno de los elementos constitutivos de la tragedia, si hemos de creer a Aristóteles, que la menciona en la *Poética*. El contexto en el que aparece este término es el siguiente: dice Aristóteles que en la tragedia debemos asistir a hechos que produzcan miedo y compasión, de manera que no deberemos ver a hombres excelentes que pasen de la fortuna a la desgracia, porque eso nos produciría rechazo, ni a malvados pasando de la mala a la buena fortuna, de manera que,

Queda, pues, el personaje intermedio entre los mencionados. Y es aquel que no destaca ni por su virtud ni por su jus-

12. A pesar de las propias palabras del coro, diciendo que no abandonarán a Prometeo, en algunos comentarios a esta obra se afirma que el coro sale de escena, incluso se añade que lo hace «presa del pánico», antes de las últimas palabras del Titán. Vid. Taplin 1977: 270 ss., que defiende la idea de que las Oceánides permanecen hasta el final al lado de Prometeo.

ticia, y tampoco cae en el infortunio por su malicia o maldad, sino por algún fallo [*hamartía*]; siendo de aquellos que gozan de gran reputación y felicidad, como Edipo y Tiestes y hombres ilustres de tal alcurnia[13].

Sobre este término, que suele traducirse como «error», merece la pena recordar la definición de Albin Lesky: se trata de un acto de terribles consecuencias que, aunque no sea imputable subjetivamente, ya que el agente puede no ser consciente de lo que está haciendo (piénsese en el Edipo de Sófocles, que mata a su padre sin saber que es su padre y se une a su madre sin saber que es su madre), objetivamente su resultado está a la vista y es necesario afrontarlo. Tanto «error» como «equivocación» son traducciones que se quedan cortas y quizá sea mejor mantener el término transcrito, no traducido, *hamartía*, igual que hacemos con otros términos del léxico cultural griego. Por otra parte, algo que parece caracterizar también la *hamartía*, el error trágico, es que sucede por las propias limitaciones del ser humano, por su incapacidad para orientarse, por no conocer el futuro y por tener un tiempo limitado. En el caso de Prometeo, al tratarse de un dios, su *hamartía* escapa a esta explicación, porque es voluntaria, como él mismo afirma, y porque, como figura divina, sí conoce su futuro. O quizá no debamos ser tan rígidos en estas consi-

---

13. Aristóteles, *Poética*, XIII (trad. cast: Alicia Villar Lecumberri, Madrid: Alianza Editorial, 2013).

deraciones y entrar en el juego teatral que Esquilo propone.

En el conflicto entre Zeus y Prometeo al que asistimos en *Prometeo encadenado*, aparte de la peculiari-
dad de que uno de sus dos protagonistas, Zeus, no aparezca en escena, Prometeo, un dios al igual que Zeus,
reconoce ser responsable de *hamartía*: *hekòn, hekòn
hémarton*, «Voluntariamente, voluntariamente come-
tí *hamartía*»[14]. Dos veces afirma que lo que ha hecho
lo ha hecho voluntariamente. No parece que Prometeo esté diciendo que se equivocó voluntariamente,
sino que hizo lo que hizo voluntariamente y que eso
que hizo sabía que iba contra Zeus y que tendría consecuencias.

Desde una perspectiva que, como decía, no es tanto
religiosa como atenta a la condición humana, lo que me
interesa destacar es que este dios, que comete *hamartía*
a sabiendas, lo hace por unos seres «efímeros», que es
como Esquilo se refiere a los mortales en diferentes pasajes de esta tragedia[15]. «Efímero» solo se emplea como
sustantivo, en la tragedia, en esta obra. El término, aunque también se refiera a la brevedad de la vida humana
frente a la inmortalidad divina, originalmente, y todavía
en Esquilo, alude a la sujeción humana a lo cotidiano, al
hecho de estar los hombres condicionados por lo que
trae cada día consigo[16]. Con él se evoca la precariedad de

14. A. *Pr.* 266.
15. A. *Pr.* 83, 253, 547, 945.
16. Susanetti 2023: 160.

la condición humana, cómo tenemos que conformar-
nos con lo que los dioses envían cada día y cómo (y esto
es muy de la tragedia) nos vemos obligados, mujeres y
hombres, a tomar decisiones sin saber, sin tener el conocimiento necesario para evitar el error. Este asunto tiene
gran interés ya que, si es verdad que en esta tragedia
los protagonistas son los dioses, la atención se dirige a los
humanos, a los «mortales», a su precaria condición. Es
cierto que Prometeo ha entregado a los mortales *pâsai
téchnai*, todas las técnicas, que a él le deben todo su progreso, pero no parece que ese sea el tema central en *Prometeo encadenado*, sino la condición humana.

Si es verdad que estamos familiarizados con una sencilla versión del mito según la cual Prometeo es castiga-
do por Zeus por robar el fuego y dárselo a los hombres,
en esta tragedia las cosas se presentan de una manera
más compleja. Ya en los primeros versos, *Krátos*, el Poder, que junto con *Bía*, Violencia, se encarga de asegu-
rarse de que un reticente y compasivo Hefesto cumpla
las órdenes de Zeus y encadene a Prometeo a la roca,
menciona como motivo del castigo el robo del fuego.
El propio Titán, en su primera intervención, lamenta
su suerte y verse así humillado siendo un dios, se pregunta cuándo acabarán sus tormentos y reconoce, finalmente, que es vano hacerse esas preguntas, ya que,
como dios, sabe lo que le espera y sabe que debe aguantar con paciencia y que todo esto le ha ocurrido por en-
tregarles a los mortales el privilegio del fuego. Pero, a
medida que avanza la obra, Prometeo desgrana sus fa-

vores a los hombres, que van mucho más allá del don del fuego civilizador.

Para empezar, el Titán cuenta que Zeus, una vez que alcanzó el poder, decidió exterminar la raza de los hombres y crear una nueva, un terrible plan al que solo él se atrevió a oponerse[17]. Las razones que podía tener Zeus para querer aniquilar a los hombres no se dicen (¿quizá un nuevo comienzo, paralelo al nuevo reinado que el dios inaugura?), pero la idea de que las razas pueden ser fulminadas por los dioses ya nos resulta conocida desde Hesíodo, que relataba en *Trabajos y días* cómo se habían sucedido las razas de oro, de plata, de bronce, de los héroes y de hierro, en algunos casos extinguidas por autodestrucción, pero en otros por voluntad divina.

Pero Prometeo no solo se opuso al plan de Zeus de acabar con la raza humana, sino que se preocupó de mejorar la vida de los hombres. La primera cosa que el Titán dice haber hecho por los mortales fue poner fin a su «anticipación» de la muerte: «hice que los mortales no previeran su destino»[18], es decir, que no tuvieran siempre presente la muerte, o, también, que no conocieran con antelación el momento de su muerte. El coro, como siempre, muestra curiosidad y pregunta qué remedio (*phármakon*) encontró para ese mal, y Prometeo responde así: «asenté en ellos ciegas esperanzas»[19]. Este asunto es abordado solo en otro lugar dentro de la literatura conservada,

17. A. *Pr.* 231-234.
18. A. *Pr.* 248.
19. A. *Pr.* 250.

en el diálogo platónico *Gorgias*, y no se hace exactamente de la misma manera. En el diálogo platónico se contaba un relato según el cual los hombres, conocedores del día en el que habían de morir, se presentaban todavía vivos antes sus jueces, también hombres, y eran así capaces de engañarlos. Zeus decidió entonces cambiar el «sistema» y dio instrucciones a Prometeo para que se encargara de que, en adelante, no supieran cuándo iban a morir y el juicio los pillara desprevenidos[20].

En la versión de Esquilo no se trata tanto de que los hombres no conozcan el momento exacto de su muerte, sino de que no tengan presente, continuamente, el hecho cierto de que han de morir. Asentando en su mente «ciegas esperanzas», Prometeo permite que vayan adelante, que la humanidad avance sin sentir el lastre de la conciencia permanente de la muerte. No es un alivio pequeño el que proporcionó Prometeo a la humanidad, ya que está muy bien lo que decía Epicuro, que la muerte no es nada porque mientras nosotros estamos ella no está, y cuando ella esté nosotros no estaremos, pero es que el problema no es el *después*, cuando ya no estemos, sino el peso que la muerte tiene en el *ahora*, mientras vivimos, la conciencia de su inexorabilidad, que puede amenazar con arrebatarle el sentido a nuestras experiencias y proyectos incluso aunque comprendamos su carácter natural, incluso su belleza[21].

20. Platón, *Gorgias* 523d.
21. Sobre estas cuestiones, Bonazzi 2024: 166-182.

Con razón el coro le dice a Prometeo que ha hecho un gran regalo a los mortales. Y, además de eso, añade el Titán, también les di el fuego. ¿El fuego?, ¿a los efímeros? La sorpresa del coro es grande y acaba reconociendo, a su pesar, que su amigo ha ido demasiado lejos: «te has equivocado, te has equivocado», y todo por ayudar a esos efímeros, a esos seres de un día.

Así pues, el fuego y todas las técnicas se las concede Prometeo a los mortales una vez que ha aliviado su vida alejando de su mente el pensamiento constante de la muerte. Y, al mismo tiempo, y sin contradicción, esta tragedia nos permite reflexionar también sobre la muerte como un don. Prometeo no solo «desea el Hades», o el Tártaro, en el sentido de anhelar un lugar escondido en el que, al menos, su castigo no estuviera a la vista de todos y no se viera así deshonrado; «desea el Hades» realmente: preferiría la muerte. Pero Prometeo no puede morir, así lo ha reconocido ya en su encuentro con Ío. Sus males no tendrán fin. La mortalidad es privilegio de los efímeros.

La muerte como privilegio no es, en determinados contextos –y la guerra es uno de ellos–, una idea extraña. Hemos visto que era un deseo expresado por las jóvenes que formaban el coro de *Siete contra Tebas*, que manifestaban preferir esa opción antes que caer en manos del ejército enemigo, y ya en Homero leíamos cómo Héctor deseaba morir antes que tener que ver a su mujer Andrómaca como esclava de un soldado griego. Y desde entonces hasta hoy ha seguido siendo una alternativa que debería respetarse como consustancial a la dignidad y condición humana, y que es contemplada en situaciones límite, que todos tendremos en mente y no caben en este libro, como las enfermedades físicas y mentales que acarrean un sufrimiento insoportable. Sí cabe en este ensayo, donde se habla de guerra y violencia, el recuerdo de las palabras de Primo Levi, en el libro en el que relató su experiencia en Auschwitz, a donde fue conducido en febrero de 1944 (*Si esto es un hombre*, 1947). En 1945, el campo de exterminio, el *Lager*, fue liberado y Primo Levi, químico turinés de origen judío, fue uno de los poquísimos supervivientes. Esto decía Levi de los días en el *Lager*, cuando, bajo la lluvia, él y el resto de prisioneros trabajaban sin tregua, absolutamente empapados, congelados de frío, y se consolaban pensando que, al menos, no hacía viento:

Es extraño, pero siempre, de alguna manera, se tiene la impresión de ser afortunados, de que alguna circunstancia, quizá infinitesimal, nos aparta del borde de la desesperación y nos concede seguir viviendo. Llueve, pero no hay viento. O bien, llueve y hay viento, pero esta noche te toca a ti el suplemento de sopa y entonces también hoy encuentras la fuerza para aguantar hasta la noche. O de nuevo hay lluvia, viento y el hambre de siempre, y entonces piensas que, si realmente tuvieras que hacerlo, si de verdad no sintieras en el corazón otra cosa que sufrimiento y hastío, como a veces sucede, que parece que yaces en el mismo fondo, bueno, entonces pensamos que, si queremos, en cualquier momento, siempre podemos ir y tocar el vallado eléctrico, o arrojarnos bajo los trenes que maniobran, y entonces dejaría de llover[22].

Para los mortales, no para los dioses, existe la esperanza de que, algún día, deje de llover[23].

La culpa de Agamenón

Si hablamos de la condición humana a partir del comportamiento de un héroe en el marco temporal de una tragedia, nos referimos sobre todo a la necesidad de tomar decisiones en un tiempo limitado y con un conocimiento limitado, algo que suele llevarlos a la *hamartía*, pero no como la de Prometeo, sino involuntaria. En el caso de Agamenón, su decisión, su error y su culpa por el sacrificio de su hija ha sido objeto de muchos análisis, como es natural. El episodio en el que Agamenón accede a sacrificar a su hija Ifigenia para conseguir vientos que permitan a la flota zarpar a Troya no forma parte de la trama de la *Orestía*, pero sí es fundamental como detonante de la acción de la primera pieza de la trilogía:

22. Levi 1958: 117, traducción de la autora.
23. Primo Levi escribió este libro anhelando que lo que había sucedido una vez no volviera a suceder. Por desgracia, su deseo no se ha cumplido y, mientras escribo estas páginas, un nuevo holocausto sucede en Palestina, donde la lluvia, el hambre, el frío y el dolor habrán llevado, quién sabe a cuántos y quién sabe si alguna vez lo sabremos, al límite de lo que podían soportar.

Clitemnestra no ha olvidado el crimen y hará pagar por ello a Agamenón.

El sacrificio es evocado en el primer canto coral de la primera pieza de la trilogía, *Agamenón*:

> Entonces el mayor de los reyes habló diciendo así: «Penoso mi destino si no obedezco, y penoso también si hago morir a mi hija, adorno de mi casa, mancillando con los arroyos de un sacrificio virginal mis manos de padre junto al altar. ¿Cuál de las alternativas está libre de males? ¿Cómo voy a abandonar las naves faltando a mi alianza? Desear ardientemente un sacrificio que aplaque los vientos, la sangre de una doncella, es lícito [*thémis*]. ¡Que sea para bien!». Y una vez que colocó sobre sí las riendas de la necesidad, respirando el viento de su mente de un modo diferente, impío [*dyssebê*], impuro [*ánagnon*], sacrílego [*aníeron*], entonces cambió de opinión y no se detuvo ante nada, pues la demencia, desdichada, mala consejera, fuente de males, infunde coraje en los mortales: se atrevió [*étla*] entonces a convertirse en sacrificador de su hija, como ayuda de una guerra en venganza de una mujer y sacrificio propiciatorio de las naves.

La situación de Agamenón encaja en la idea de «conflicto trágico» tal y como lo define Martha Nussbaum:

> Realización de un acto reprobable cometido sin coerción directa y con plena conciencia de su naturaleza por una persona cuyos compromisos y carácter morales la impulsarían

normalmente a rechazarlo. La coerción se deriva de ciertas circunstancias que imposibilitan la satisfacción de dos exigencias éticas válidas[24].

Agamenón se enfrenta a una situación conflictiva en Áulide, cuando tiene que decidir entre sacrificar a su hija y conseguir así vientos favorables para la expedición a Troya, o no hacerlo y ver cómo todos –su hija incluida– perecen en la espera. Ambas alternativas responden a «exigencias éticas válidas» en el sentido de que vienen reclamadas por la divinidad: la expedición de castigo a Troya la había ordenado Zeus para vengar un agravio a las leyes de hospitalidad, mientras que el sacrificio de Ifigenia lo reclama Ártemis[25]. Agamenón tiene que optar entre dos alternativas, ninguna de ellas buena. Para Nussbaum no cabe más salida que elegir el sacrificio de Ifigenia, pero la discusión está lejos de haberse cerrado.

Si las dos alternativas son malas, ¿en quién recae entonces la culpa? En opinión de Nussbaum, el problema radica en que Agamenón, inmediatamente después de asumir que ninguna de las dos opciones está libre de males, una vez que decide entregar a su hija, se transforma en colaborador, en víctima complaciente, sin manifestar ni el menor sentimiento de dolor; al contrario, parece

24. Nussbaum 2015: 53.
25. Este hecho abre una nueva dificultad, pues, al menos si nos atenemos únicamente a esta pieza de Esquilo, la cólera de Ártemis no está justificada; en otras versiones sí se habla de una falta previa de Agamenón. En cualquier caso, aunque no haya una culpa imputable directamente a Agamenón, sí hay una «culpa» sobre su estirpe.

sentir entusiasmo por la elección hecha[26]. Efectivamente, el Atrida afirma que si el sacrificio de la virgen y su sangre calman los vientos, es lícito (*thémis*) desearlo ardientemente; es decir, no asume la gravedad de la decisión tomada.

Los mitos, ya se ha dicho muchas veces, no son lo que leemos en los diccionarios de mitología, sino que existen en cada una de sus versiones y manifestaciones singulares. Si estamos profundizando en el sentido de la *Orestía* y queremos entender la figura de Agamenón, debemos atender a las palabras que emplea Esquilo en ella para describir las acciones de los personajes. Aquí, Agamenón es responsable y perfectamente consciente de la gravedad del sacrificio de Ifigenia. El término «sacrificio» está empleado de modo literal: la joven será sacrificada como una bestia en el altar y Agamenón se convertirá en *thytèr thygatrós*, «sacrificador de su hija». El verbo empleado por Esquilo para dar cuenta de la decisión radicalmente impía de Agamenón es *étla* («se atrevió»), lo que nos lleva directamente a una dinámica en la que el héroe, maldito por su estirpe, pero colaborador de la maldición, se lanza a la carrera hacia el precipicio. El poeta dice que Agamenón «se atrevió entonces a convertirse en sacrificador de su hija» (*étla d'oûn thytèr genésthai thygatrós*)[27]. Los soldados, deseosos de guerra, no atienden a las súplicas de Ifigenia ni a sus gritos llamando al

26. Nussbaum 2015: 68.
27. A. *A*. 224-5.

padre, y Agamenón ordena que la sacrifiquen como a una cabritilla sobre el altar, envuelta en su peplo, y que tapen su boca para que no pueda lanzar un grito de maldición contra su casa. Agamenón, pues, «se atrevió».

En *Siete contra Tebas* nos habíamos encontrado con el verbo *étla* en una situación parecida, en un momento en el que el coro relataba las antiguas «culpas» de la estirpe, en este caso tebana. Decía el coro que Layo había tenido hijos aun sabiendo que no debía haberlos engendrado, y que después Edipo «se atrevió» a sembrar en su propia madre. Aunque Agamenón, como hemos visto, parece desentenderse muy pronto de la gravedad de su decisión, el coro lo presenta como culpable de una acción terrible, razón por la que la forma *étla* tiene, muy probablemente, la misma fuerza acusatoria que tenía en referencia al crimen de Edipo[28]. El campo semántico del verbo que aquí traducimos como «atreverse» es muy preciso: su sentido indica que la acción se ejecuta con plena consciencia y superando cualquier tipo de inhibición u obstáculo que el miedo o el respeto pudieran causar[29]. Todo el pasaje va *in crescendo* en el sentido de una decisión que, una vez toma-

---

28. Si es que en la versión de Esquilo el tebano sabía que Yocasta era su madre, según ya hemos visto que el texto de *Siete contra Tebas* parecía sugerir.

29. Dihle 1982: 22, «Τόλμα (τόλμη) not only means risk and moral attitude required to take a risk (audacity) but also the very act of will by which an individual overcomes his own inhibitions, which might prevent him for acting in a given situation». El sustantivo τόλμη y el verbo τλάω tienen la misma raíz etimológica.

da, no se detendrá ante nada, es decir, se atreverá a todo: *pantótolmon*[30].

No parece haber dudas sobre el hecho de que Esquilo ha querido dejar completamente clara la responsabilidad de Agamenón en el episodio de la muerte de Ifigenia. En otras fuentes el sacrificio lo realizaba de manera colectiva el ejército griego, pero Esquilo pone todo el énfasis en la decisión de Agamenón[31]. Una decisión que toma, además, de manera coherente con el linaje maldito al que pertenece.

Agamenón es culpable de la muerte de su hija, culpable de arrasar una ciudad sin respetar ni siquiera los templos y altares, culpable porque forma parte de una saga culpable. Por eso Hugh Lloyd-Jones afirma que, ante la pregunta de si Zeus sería capaz de colocar a Agamenón en una situación en la que, eligiese lo que eligiese, estaría colocando un crimen sobre sus espaldas, afirma que sí, que eso es precisamente lo que hace. Y para ello, antes, le arrebata la razón, como se espera de la divinidad, tal como leemos en un fragmento de *Níobe*, tragedia perdida de Esquilo: «La divinidad hace brotar la culpa en los mortales cuando desea destruir completamente una casa»[32].

---

30. Llagüerri y Morenilla 2021: 27.
31. Sommerstein 2010: 138.
32. F 154a Radt. Lloyd-Jones 1962. Sobre la elección de Agamenón, se puede mencionar también el siguiente comentario de Sommerstein, que es, quizá, demasiado expeditivo: «[...] it was inevitable that Agamemnon would sacrifice his daughter. But that does not mean he had no choice. It only means that Zeus chose the right man for his job. [...]

El asunto de la culpa de Agamenón guarda una estrecha relación con el *páthei máthos*, el aprendizaje a través del sufrimiento. La fórmula se encuentra en boca del coro en dos ocasiones, enmarcando el terrible relato del sacrificio de Ifigenia. Así, antes del pasaje en el que recuerda la decisión de Agamenón, el coro cantaba de esta manera:

> Es Zeus quien ha colocado a los mortales en el camino de la sensatez haciendo que «a la sabiduría por el sufrimiento» (*páthei máthos*) se convirtiera en ley. Destila, gota a gota, en lugar del sueño, ante el corazón, el dolor de penosos recuerdos. Y la sensatez alcanza incluso a los que no quieren. Esta es la gracia de los dioses que ocupan el sagrado puesto de timoneles[33].

La pregunta sobre qué quería decir Esquilo aquí es un asunto que ha hecho correr ríos de tinta. Se ha discutido desde el quién –¿es de Agamenón de quien se espera que aprenda algo?, ¿de los troyanos, a punto de ser castigados por el rapto de Helena?, ¿del público, al presenciar la destrucción de la casa de los Atridas?– hasta el qué –¿es lo que se aprende algo objetivo, una «materia» concreta, o se aprende a ser sensato?– y el «cómo» –¿significa *páthos* sufrimiento o simplemente experiencia?–. Sobre un aspecto al menos no hay discusión: la

To be an agent of the will of Zeus is not a guarantee of moral rectitude or divine favour», Sommerstein 2021: 37.
33. A. *A*. 174-183.

colocación de esta máxima en este lugar concreto, al inicio de la obra y enmarcando el episodio del sacrificio de Ifigenia, tiene que ser significativa.

Un gran conocedor de Esquilo, Vincenzo Di Benedetto, defiende que el hombre que partió hacia Troya no es el mismo que el que regresa a Argos. En contra de la opinión de otros estudiosos[34], Di Benedetto afirma que cuando Agamenón entra en escena en la tragedia homónima pronuncia un discurso respetuoso con el pueblo y con los dioses, y se presenta a sí mismo como gobernante moderado frente a Príamo y como persona sensata en contraposición a su comportamiento en Áulide[35]. Sin embargo, esta no es una opinión compartida de manera absoluta y sigue siendo difícil ver en el Agamenón que aparece en Esquilo un personaje guiado por la sensatez. Quizá para la pregunta de si ha aprendido algo en Troya podemos ensayar una nueva respuesta: no, no podía aprender nada porque se trata de un personaje mítico, no histórico. Esquilo sí podía aprender en las guerras que vivió, y los espectadores de entonces y los lectores de ahora podemos aprender también de sus obras. Pero Agamenón, el personaje de la saga maldita de los Atridas, estaba destinado a repetir los errores de sus antepasados.

Su regreso a casa fue muy diferente al de Odiseo. El regreso (*nóstos*) del guerrero constituye un tema muy co-

---

34. Lloyd-Jones 1962, o Denniston y Page 1986, *ad. loc.*
35. Di Benedetto 1978: 154-155.

nocido dentro de la mitología griega. De hecho existió un poema épico así titulado, *Nóstoi* (Regresos), del que solo conservamos fragmentos y cuyo asunto era la vuelta a la Hélade de los aqueos tras la toma de Troya. Por otra parte, la propia *Odisea* narra el *nóstos* de Odiseo. Pero no todos los héroes volvieron a sus casas y, de los que sí lo hicieron, no todos fueron bien recibidos. Es conocido el contraste entre el regreso de Odiseo y de Agamenón, el uno triunfante sobre los pretendientes de Penélope, que lo esperaba impertérrita –¡después de veinte años!– y el otro encontrando una nada heroica muerte tan pronto pone el pie en su hogar a manos de una esposa que tampoco había dejado nunca de esperarlo, aunque por otras razones. Estas distintas suertes han servido para que se estableciera una rápida comparación entre sus esposas, Penélope y Clitemnestra, pero, en realidad, ni uno ni otro merecían ser recibidos con los brazos abiertos, y no solo por su ostentosa infidelidad, lo que sería una crítica anacrónica, sino porque ambos fueron agentes muy activos de la impía destrucción de Troya. Atenea les retiró a los griegos su favor, muy especialmente tras la violación de Casandra –mientras se aferraba a la estatua de la propia diosa– por parte de Áyax Oileo, y la mayoría de ellos murieron en el mar sin ver su hogar de vuelta. Sin embargo, Odiseo fue siempre uno de los favoritos de Atenea. Como los dioses no se atienen necesariamente a la justicia, sino que más bien parecen disfrutar con la arbitrariedad, dejémoslos tranquilos con sus motivos.

Centrándonos en *Orestía*, era difícilmente esperable un regreso pacífico para Agamenón, algo que se presagia desde el principio. El hijo de Atreo regresa a Argos como el padre que ha hecho degollar a su hija mayor en un sacrificio previo a la expedición; como el líder de hombres que no ha sido tal en Troya, como demuestran sus enfrentamientos y su falta de autoridad sobre los aqueos; como el guerrero que, vencedor, ha quemado los altares y los templos de la ciudad vencida; como un hombre que ha estado más de una década lejos del hogar y regresa con concubinas y prisioneras de guerra, una de ellas elegida especialmente para él por el ejército, Casandra, profetisa de Apolo. Agamenón, que ya una vez había irritado a los dioses llevándose como esclava a Criseida, hija del sacerdote de Apolo, Crises, parece no haber aprendido nada en Troya.

Si es cierto que el héroe trágico lo es, entre otras cosas, porque es consciente de la situación «trágica» en la que se encuentra, o se hace cargo de la misma a lo largo de la obra, Agamenón no llega a alcanzar en la pieza de Esquilo condición de «héroe trágico». No muere con gloria (en la segunda pieza de la trilogía Orestes repetirá que mejor hubiera muerto su padre en la guerra y no a manos de una mujer) y encuentra su fin en ese baño que le prepara Clitemnestra y que es un motivo importante en la *Ilíada*. Los baños calientes esperaban a los guerreros cuando tenían la suerte de regresar a sus hogares, cubiertos de polvo pero vivos, al final de la batalla. Así esperaba Andrómaca a Héctor, con el baño de agua caliente preparado, sin saber que su esposo había muerto ya a manos de Aquiles, y es ahí precisamente donde quedará atrapado el apenas héroe Agamenón.

Eteocles, entre la misoginia y la culpa de un linaje maldito

Si cambiamos de casa, abandonando a los Atridas por los Labdácidas, nos encontramos con otra difícil decisión que ha de tomar uno de los hijos de Edipo, Eteocles. En muchos comentarios a *Siete contra Tebas* se dice que Eteocles comienza siendo un responsable hombre de estado para convertirse en mitad de la pieza en un enloquecido colaborador del cumplimiento de la maldición paterna al decidir hacer frente él en persona a su hermano Polinices. Este cambio tiene lugar en un momento muy preciso, el verso 653. ¿Qué tipo de arrebato, o locura, se apodera de Eteocles? Librán Moreno habla de un acceso de *furor* o locura bélica, que los indoeuropeos del norte llamaban furia *berserkr*:

Dicha locura era entendida como una condición previa e imprescindible para acometer empresas casi imposibles, para las que se requería un arrojo tan sobrehumano como a veces bestial (*e.g. Il.* 5.185; 6.101; 9.239-9). Algo misterioso y terrible que no estaba antes allí poseía al guerrero en plena lid. El combatiente que entraba en *furor* experimentaba un cambio momentáneo y terrorífico, manifestado en síntomas físicos (brillo de los ojos, espumeo en la boca, resistencia a la fatiga, insensibilidad al dolor, *cf. Il.* 5.795-860; 15.605-10) y psíquicos (receso de la conciencia superior o animalidad, *cf. Il.* 8.299), si bien los griegos interpretaban que el envite externo, de acuerdo con el principio de la doble motivación, no anulaba ni la responsabilidad ni la voluntad del guerrero[36].

Eteocles, al enterarse de que su hermano está en la séptima puerta, se transforma en un guerrero sin piedad, sediento de sangre, lo que se demuestra con las comparaciones que el poeta establece entre él y Tideo, el guerrero *berserkr* por excelencia[37]. La Erinia, la Ofuscación personificada (*Átē*) y la Maldición personificada (*Ará*) son señaladas como responsables de este cambio en la actitud de Eteocles.

Como es habitual en Esquilo, el propio personaje colabora con el agente externo, o agentes, en este caso (Erinia, *Átē* y *Ará*). Para tratar de entender lo que parece un cambio radical de comportamiento, podemos recordar una característica que parece diferenciar al héroe de Sófocles del de Esquilo. Este parece moverse en una ignorancia de la que sale siempre demasiado tarde:

36. Librán Moreno 2005: 171.
37. La leyenda decía que Tideo, herido de muerte por Melanipo (su oponente en la primera puerta) quiso recuperar el ánimo vital sorbiendo los sesos de la cabeza de su rival, atrayéndose así la cólera de una Atenea horrorizada que lo abandonó entonces a su suerte. Sobre la comparación de Eteocles con Tideo, vid. Librán Moreno 2005: 172.

Los héroes de Esquilo son de algún modo conscientes de que van contra el orden justo de las cosas llevados por una fuerza que surge de su propio linaje, como canta el coro de *Siete contra Tebas* en los vv. 750 ss. en referencia al Edipo de Esquilo, mientras sus hijos están dando cumplimiento a las maldiciones paternas y con ellas al destino que pesa sobre el linaje[38].

De este modo se enlazaría la actitud de Eteocles con la de su padre Edipo y la del padre de este, Layo[39]. El héroe de Esquilo sabe y no sabe, o sabe, pero se resiste a tomar conciencia de lo que sabe y sigue adelante, atravesando fases graduales desde un conocimiento inconsciente hasta una plena comprensión de la situación y sus consecuencias. En esta continuidad de ciertos rasgos de carácter en Layo, Edipo y Eteocles se muestra el «principio de solidaridad del linaje», que ya no se sustancia en una transmisión de la culpa de padres a hijos, pudiendo ser estos enteramente inocentes, sino que la culpa (la maldición en este caso) «se propaga a través de generaciones manifestándose en actos impíos que dan fe de su existencia, a la vez que confirman la pertenencia de los descendientes al linaje maldito»[40].

Es una idea similar a la que Paula Philippson propuso, hace ya muchos años, al afirmar que el mito unía el tiempo del ser (*aión*) y el del devenir (*chrónos*), dándonos acceso a una verdad simbólica (*alếtheia symbolikế*).

38. Bañuls Oller 2016: 56.
39. Vid. *supra* 1.3.
40. Bañuls Oller 1997: 285.

«Simbólica», en el sentido en el que la autora emplea el término, no quiere decir que esté en lugar de otra cosa, sino que, tomando el verbo *symbállesthai*, «unir por medio del encuentro», en su sentido literal, ambos tiempos, el del ser y el del devenir, se funden y dan acceso a un conocimiento, a una «verdad». En las siguientes palabras podemos ver el modo en el que esta idea se puede aplicar al estudio de las familias míticas marcadas con la culpa:

El *génos* expresa la unidad de las relaciones de un progenitor con sus descendientes, difuntos, vivos o futuros; la unidad, en realidad, del *génos*. Esta unidad está condicionada por el hecho (o, desde el punto de vista del sujeto del conocimiento, de la idea) de que el ser originario y esencial del progenitor continúa viviendo en todos sus descendientes. Este 'ser' originario, inmanente en el progenitor (según la idea romana: el *genius* del progenitor) no está, pues, ligado al tiempo corriente (*chrónos*) y no se apaga con la muerte del progenitor, sino que se representa en formas siempre nuevas en sus descendientes, en el curso del tiempo. Así, en el *génos* se contempla, en su desarrollo, la unidad del pasado, el presente y el futuro: el *génos*, en el fondo, constituye una unidad solo porque implica un ser no sujeto a ningún devenir o destrucción. [...] La forma misma de la genealogía representa ese encuentro (*symbállesthai*) entre el ser inmutable y el desarrollo temporal, que es inherente a la forma de expresión mítica[41].

41. Philippson 2006 (1944): 44-45.

Esta manera de entender el tiempo en el mito y la relación entre las diferentes generaciones dentro de las sagas cuyas vidas se cuentan en las tragedias puede ayudar a entender aspectos que han estado siempre sometidos a debate, como el papel de la culpa heredada en la tragedia, la propia definición de «culpa», o «responsabilidad», o la doble motivación (responsabilidad humana más intervención divina).

Se trata de un asunto central en *Siete contra Tebas*: saber si la decisión que toma Eteocles de ser él quien se enfrente a Polinices es libre, está enteramente condicionada por la maldición que pesa sobre ambos hermanos, o es una mezcla de ambas cosas. La cuestión es en qué momento decide, si es que lo decide él y no el destino, enfrentarse a su hermano. El problema se centra, en parte, en la combinación de tiempos verbales que encontramos en sus instrucciones sobre quién defenderá cada puerta[42]. De manera resumida, la acción es como sigue: 1) el explorador enviado a ver cómo están las cosas a las puertas de Tebas llega diciendo que no hay tiempo que perder y que en el ejército argivo están sorteando a quién le toca atacar cada una de las siete puertas de la ciudad; 2) Eteocles sale de escena para llevar él también adelante los preparativos de defensa; 3) el príncipe tebano tiene

---

42. No voy a citar aquí toda la bibliografía que hace al caso, que es mucha. Pueden verse resúmenes del problema en Kitto 2003 (1939): 50-52; Winnington-Ingram 1977: 9-11; Conacher 1996: 65-68; Sommerstein 2010: 72-76. La explicación más extensa y brillante, con buen resumen de todas las posturas anteriores, se encuentra en Librán Moreno 2005: 197-215.

que volver a escena porque las muchachas de Tebas están, en su opinión, desmoralizando a la ciudad toda con sus gritos y temores; trata de aplacarlas y se retira de nuevo a seguir con los preparativos tras decir que elegirá a otros seis que, junto con él, defenderán las puertas de la ciudad; 4) llega el vigía con nueva información, con el listado exacto de los atacantes, lo cual interrumpe una vez más a Eteocles que vuelve a salir a escena.

Es entonces cuando se producen los famosos «siete pares de discursos», conocidos sobre todo por su nombre en alemán, *sieben Redepaare*: el explorador va diciendo quién atacará cada puerta y Eteocles responde diciendo quién la defenderá. Para asombro de los lectores de la pieza (que no de sus espectadores), Eteocles mezcla tiempos verbales pasados, presentes y futuros a la hora de decir quién ocupará cada puerta: en la primera, frente a Tideo «opondré» (*antitáxō*) a Melanipo; en la segunda, «ha sido colocado» (*tétaktai*) Polifonte; en la tercera, «ha sido enviado» (*pépemptai*) Megareo; en la cuarta, «ha sido elegido» (*hēiréthē*) Hiperbio; en la quinta, «está» (*éstin*) Áctor; en la sexta, «colocaremos» (*antitáxomen*) a Lástenes y en la séptima, «me enfrentaré yo mismo» (*xystḗsomai*).

La explicación más sencilla, y con la que se evita enmendar el texto, es que Eteocles había designado ya a parte de los defensores de Tebas fuera de escena, antes de la segunda llegada del mensajero. Se ve interrumpido en esa tarea y termina de designar a los defensores de las puertas primera y sexta, además de la séptima, en presencia del coro y del mensajero. Esta manera de entender la variedad de tiempos verbales, sin tratar de enmendar el texto para cambiarlos, ni de cerrar los ojos a esa complejidad temporal, tiene además la virtud de encajar con la idea de que la motivación que mueve a Eteocles es doble. Los atacantes argivos han sido elegidos por sorteo, lo que equivale a decir que han sido elegidos por los dioses; Eteocles, por su parte, ha designado a ciegas a cuatro defensores, pero le quedaban todavía opciones de evitar enfrentarse a Polinices. Para la primera elige a Melanipo, una vez que sabe que esta puerta será atacada por el impío Tideo. Todavía le queda una oportunidad de salvarse. La sexta puerta la atacará Anfiarao, un adivino, un hombre justo, al que Eteocles enfrentará a Lástenes. Solo queda la séptima puerta. La atacará Polinices, «tu hermano», dice el mensajero. ¿Lo sabía Eteocles? ¿Lo esperaba el público? ¿Era ese un detalle invariable en el mito? No es seguro; el relato primero del mensajero no había anticipado que entre los atacantes en las puertas estuviera Polinices; Eteocles, por su parte, ni estaba armado ni estaba decidido al principio de la pieza que sería él uno de los defensores en las puertas. Eteocles sí sabía de la maldición de su padre, pero no sabía cómo se cumpliría. Una vez el explorador dice que la séptima puerta la atacará Polinices, todo se aclara: «¡Ay de mí!, ahora se cumplen las maldiciones de mi padre»[43]. Las maldiciones se cumplen; lo supo tarde Layo, lo supo tarde Edipo

43. A. *Th.* 655.

y lo sabe tarde Eteocles. ¿Qué mejor que ver a la Erinia trabajando ante nuestros ojos, a través de las palabras y decisiones de un personaje en la escena?[44]

Antes de abandonar a Eteocles hay que decir algo sobre su actitud ante las muchachas que forman el coro y que, según hemos visto ya, tenían motivos sobrados para temer que el enemigo atravesara las puertas de la ciudad. Siempre se había dicho que el hijo de Edipo, con sus amenazas y palabras más que bruscas dirigidas al coro, era un ejemplo de misoginia (típicamente griega, se añadía) justificada, quizá, por la actitud histérica de las jóvenes del coro[45]. Sin embargo, la explicación de esta misoginia excesiva pudiera ser otra. Ocurre, dice Librán Moreno, lo siguiente:

> Los tragediógrafos solían utilizar un código de «señales de peligro» compuesto de acciones y palabras para indicar a los espectadores que un personaje importante se está situando, consciente o inconscientemente, al borde del abismo y que está a punto de despeñarse. Dichas señales pueden considerarse parte de un subconjunto mayor de la *téchnē* trágica, las técnicas que pretenden crear suspense y expectación; recurso este que la tragedia pre-euripidea apreciaba bastante más que la sorpresa[46].

44. Winnington-Ingram 1977: 10.
45. Vid. Torrance 2007: 94-101, con amplia bibliografía. Zeitlin 1990 presenta esta supuesta misoginia de una manera un tanto simplificada contraponiéndola a la también supuesta misandria de las Danaides. Hasta la década de 1970, la misoginia de Eteocles era vista como «un aspecto necesario del liderazgo en tiempos de crisis», Caldwell 1973: 202.
46. Librán Moreno 2005.

Pues bien, asentado eso, se puede considerar que la misoginia exacerbada de Eteocles es una de esas «señales de peligro», un aviso de que el personaje está, de algún modo, teniendo un comportamiento que acabará por arrastrarlo a la perdición. Me gustaría añadir que esta observación tiene consecuencias de enorme interés, no solo para la correcta inteligencia de esta pieza. Si interpretamos el comportamiento de Eteocles como un ejemplo de misoginia, uno de los más claros y de los más típicos (un gobernante mandando callar y retirarse a su casa a unas muchachas que se comportan de modo histérico, un gobernante que llega a amenazarlas con la lapidación si no cumplen sus órdenes), no estaremos avanzando en el conocimiento, ni aportando nada más al estudio de la tragedia que un nuevo pasaje que añadir a las fáciles listas de «ejemplos de la misoginia griega». Si, en cambio, consideramos que estas palabras que Eteocles dirige al coro son puestas en su boca por Esquilo con intención de sugerir un comportamiento extraviado y percibidas por el público como un aviso de que el joven está, por así decir, perdiendo los papeles, la situación adquiere un cariz más interesante y pierde cualquier atisbo de banalidad.

A lo largo de este capítulo las figuras del Titán Prometeo, o de los héroes Agamenón y Eteocles, nos han permitido reflexionar sobre la condición humana, la responsabilidad o la culpa. Sea o no de Esquilo la tragedia *Prometeo encadenado*, resulta una pieza curiosa, intri-

gante, tan compleja y atractiva como las que son atribui-
das sin duda a Esquilo. La figura del Titán y ese coro de
Oceánides, a medias conmovidas por sus padecimientos, a medias deseosas de que ceda ante Zeus y deje de sufrir, con la referencia siempre a los efímeros, causa última del castigo de Prometeo, constituye una fuente de
enorme interés para reflexionar sobre la condición humana. La cuestión de la mortalidad es central. Del lado
de Prometeo, por defecto, ya que el hecho de que sea un
dios y no pueda morir acentúa la crueldad del castigo
de Zeus, que puede extenderse eternamente. Del lado de
los hombres porque, en su empeño por favorecerlos,
Prometeo ha actuado justo donde podía hacerlo, no
concediéndoles la inmortalidad (que no es nada deseable, aunque eso es otro tema), sino permitiéndoles vivir
sin tener una conciencia continua de que el tiempo de la
vida es finito.

Por otra parte, la tragedia coloca a los héroes en encru-
cijadas morales, en situaciones en las que deben elegir
vías de acción sin tener, precisamente por su condición
mortal, ni el tiempo ni el conocimiento necesarios para
orientarse con certeza. Y el tiempo no se detiene, deben
elegir. Martha Nussbaum, a la que he citado con relación a la decisión de Agamenón, defendía que lo que re-
sultaba en cualquier caso necesario era no cerrar los ojos
a las consecuencias de las decisiones tomadas. Podemos
equivocarnos, lo hacemos continuamente, los héroes
que Esquilo puso en escena también. De ellos muchas
veces no sabemos si aprenden algo, si la famosa máxima

páthei máthos, «el conocimiento a través del sufrimiento», se cumple, ya que, acabada la tragedia, tenemos que dejarlos ir. Por nuestra parte, mientras dure nuestra propia representación, podemos ir aprendiendo con ellos a no cerrar los ojos a las consecuencias de nuestras propias decisiones.

Conclusiones

Escribir un ensayo sobre Esquilo tiene muchos riesgos. Por citar el principal, ya hay muchos libros y artículos sobre él y es imposible leer todo lo que se ha escrito antes, pero como leer todo lo que se ha escrito antes es una compulsión muy de filólogos, no era fácil renunciar a este riesgo, a esta locura. Lo he hecho siguiendo el ejemplo de algunos autores a los que no podemos hacer otra cosa que admirar y repitiendo, de paso, una broma, ya no de segunda, sino de tercera mano: por deseable y beneficioso que hubiera sido para este libro haber leído toda la bibliografía previa, me pareció más importante acabar de escribirlo en vida[1].

1. La broma está tomada de la introducción a la *Historia de la filosofía griega* de W. K. C. Guthrie, que a su vez la recogió del prólogo a *Poesía y filosofía* de Fränkel.

Otro riesgo, relacionado con el anterior, es aspirar a la más mínima sombra de exhaustividad. Este riesgo sí era fácil de esquivar porque caer en él ni siquiera estaba en mi mano: no solo no he pretendido agotar ninguno de los temas sobre los que se ha escrito en torno a Esquilo, sino que la mayoría de ellos ni los he mencionado. No hablo apenas del estilo de este autor, ni de la estructura de sus tragedias, ni de la transmisión de su obra, ni de la métrica o el ritmo de sus versos, ni de las influencias recibidas (salvo Homero), ni de su pervivencia, ¡ni de la justicia de Zeus!

Mi intención ha sido leer a Esquilo teniendo en mente que se trataba de un enorme poeta que fue, al mismo tiempo, un soldado combatiente en batallas como la de Salamina. En un libro reciente sobre la tragedia griega se dice, citando a Anne Carson, que la tragedia existe porque estamos llenos de rabia. ¿Por qué esa rabia? Dice Carson que porque estamos llenos de dolor. Y el autor se pregunta entonces, ¿por qué ese dolor? Y la respuesta que propone es «porque estamos llenos de guerra y se está matando a gente»[2]. Si esto es así, los tiempos que estamos viviendo parecen muy apropiados para volver sobre la tragedia y, muy en concreto, sobre la tragedia de Esquilo.

De este tragediógrafo me atraía también el evidente interés que demostraba por los vencidos en las guerras, muy particularmente las mujeres. En este punto me pa-

2. Critchley 2019: 17.

recía que ni las traducciones ni los comentarios publicados sobre su obra le hacían justicia. Las traducciones suavizan casi siempre aquellos pasajes en los que se habla de la violencia sexual contra las mujeres en los conflictos bélicos y, además, no suelen merecer estos testimonios notas explicativas, ni menciones a la continuidad de esta práctica brutal. Por otra parte, los numerosos comentarios a cada una de las obras de Esquilo, los incontables ensayos sobre sus tragedias, no han tenido nunca este asunto, el de la cara oscura de la guerra, entre sus preferidos.

He tratado muchos otros temas en torno a este eje de la guerra, pero el hilo conductor ha sido siempre el mismo: Esquilo se preocupó de la condición humana y, en su caso, no dio por sentado que ocuparse de los hombres y olvidarse de las mujeres fuera suficiente para dar cuenta cabal ni siquiera de los asuntos bélicos. Ese coro de muchachas de Tebas, tan ignorado por la tradición filológica, decía, cuando Eteocles maldecía el linaje de las mujeres, que este era tan desdichado como el de los hombres cuando una ciudad caía en manos del enemigo[3]. Y si la guerra estaba en el centro de la vida, condicionando el día a día de mujeres y de hombres, podemos ver a través de las tragedias conservadas de Esquilo que este autor miró a sus víctimas con piedad y temor, *éleos* y *phóbos*, las emociones fundamentales del género trágico.

Esquilo, poeta y soldado, no apartó la mirada de las consecuencias y horrores de las guerras, del mal que es-

3. A. *Th.* 257.

tas provocan. No cerrar los ojos a las consecuencias de nuestras decisiones, como decía al final del capítulo anterior. Quizá desde esta perspectiva adquieran su pleno y real sentido unas palabras de Tucídides en su monumental *Historia de la guerra del Peloponeso* que, según el maestro Luciano Canfora, Nietzsche supo traducir bien, frente a muchos filólogos que lo precedieron y lo siguieron. Así, al exaltar a Atenas, no escondió el historiador su carácter violento e imperialista y señaló cómo por todas partes habían dejado monumentos, testimonios eternos «del bien y del mal»[4]. La mayoría de los traductores se inclinan por considerar que habla Tucídides de los éxitos y fracasos de Atenas, gloriosos tanto unos como otros, pero la propuesta de Nietzsche tiene mucho más sentido. Los «testimonios del mal» son ubicuos, no pasa nada por reconocer su existencia junto a los recuerdos más luminosos.

He tratado de dejar claro que ninguna lectura agota a Esquilo, ninguna traducción puede reflejar la densidad de su lengua y pensamiento. Por esta razón las pretensiones de este libro son modestas, arrojar un poco más de luz sobre sus tragedias, sin ningún afán de enmendar ni reemplazar lecturas anteriores. Sí, quizá, hay dos caminos que he tratado de evitar y que considero equivocados: el de la utilización de Esquilo, como del resto de autores de la Antigüedad, para tratar de defender posturas

---

4. Thuc. II 41.4, πανταχοῦ δὲ μνημεῖα κακῶν τε κἀγαθῶν ἀίδια ξυγκατοικίσαντες. Canfora 2011: 4.

reaccionarias, y el de atacar y apartar a Esquilo, como al resto de autores de la Antigüedad, con la etiqueta fácil y errada de «misóginos». En este intento, avanzando entre dos fuegos, sí creo sinceramente estar en el buen camino y defender a Esquilo, aunque esta opción me obligue, me temo, al final del esfuerzo, a adoptar la posición de guardia.

Agradecimientos

He hablado de Esquilo y sus versos con mucha gente en los últimos años. No podría nombrarlos a todos, pero quiero que sepan que agradezco esas conversaciones y las ideas que surgieron de ellas. Y si tengo que mencionar a alguien, una es Míriam Librán, que comparte conmigo pasión por Esquilo y por las aves, otra es Carmen Morenilla, generosa con su tiempo y sus consejos, y los colegas y amigos de las universidades de Coimbra, Lisboa, Aveiro, Messina, Granada... También a los que se han hecho doctores conmigo y con los trágicos en estos años (Vasileios Balaskas, Isidro Molina, Blue Carrillo, Vincenzo Quadarella) y a los que están en ello (Alejandro Abella, Auretta Sterrantino). Y a mi querido Jorge Bergua, que, una vez más, ha leído el borrador de este libro antes de enviarlo a imprenta interceptando erratas y errores.

A David Hernández de la Fuente le agradezco que me pusiera en contacto con Magda Lasheras, editora de este libro, que ha sido una bendición para mí, con su delicadeza, paciencia y profesionalidad. Pero, sobre todo, no olvido a quienes ya no están, pero están a mi lado: mis padres y Teresa. Están siempre, en las palabras que escribo en este libro y en todos los libros y vidas posibles.

Cronología

ca. 525 a. C.   Nacimiento de Esquilo en Eleusis, demo ático que no está lejos de Atenas, bien conocido por su vinculación con los misterios de Deméter y Perséfone.

510 a. C.   Fin de la tiranía en Atenas con la expulsión de los Pisistrátidas.

499 a. C.   Primera representación de una obra de Esquilo. En sus comienzos, Esquilo compitió con Quérilo y Prátinas, autores que son hoy poco más que un nombre para nosotros.

496/5 a. C.   Nacimiento de Sófocles en el demo ático de Colono.

493 a. C.   Temístocles, el político destinado a convertir Atenas en una potencia marítima, es elegido arconte. Ese mismo año se representa *La toma de Mileto*, de Frínico.

490 a. C.   Derrota persa en Maratón, batalla en la que combaten Esquilo y su hermano Cinegiro, que resultó muerto.

ca. 485 a. C.   Eurípides nace en torno a este año, aunque no conocemos la fecha precisa.

484 a. C.   Primera victoria de Esquilo en las Grandes Dionisias.

480 a. C.   Batalla de Salamina, en la que combate de nuevo Esquilo.

479 a. C.   Batalla de Platea, en la que quizá también tomó parte Esquilo.

ca. 476/5 a. C.   Estancia de Esquilo en Siracusa, en la corte de Hierón, donde compone *Etneas* para celebrar la fundación de la ciudad de Etna por el tirano.

472 a. C.   Representación de la trilogía de la que formaba parte *Persas* y victoria de Esquilo. Pericles ejerció como corego.

468 a. C.   Victoria de Sófocles en la primera ocasión en la que participaba en las Grandes Dionisias.

467 a. C.   Representación de la trilogía de la que formaba parte *Siete contra Tebas* y victoria de Esquilo.

ca. 463 a. C.   Fecha probable de la representación de la trilogía de la que formaba parte *Suplicantes*.

462/1 a. C.   Reformas democráticas en Atenas que incluyen la retirada de muchos de sus poderes al tribunal del Areópago, un organismo de tintes aristocráticos que quedó limitado a juzgar los delitos de sangre.

458 a. C.   Representación de la trilogía *Orestía* y victoria de Esquilo. Poco después, viaja de nuevo a Sicilia.

456/5 a. C.   Muerte de Esquilo en la ciudad siciliana de Gela.

Bibliografía

ALSINA, José (2000), «Esquilo», en J. A. López Férez, ed., *Historia de la literatura griega*, Madrid: Cátedra, 290-311.

ANDERSON, Michael (1972), «The Imagery of *The Persians*», *Greece & Rome* 19.2, 166-174.

ANGELOPOULOU, Afroditi (2018), «Feeling Words: Embodied Metaphors in *Seven Against Thebes*», en J. Lauwers, J. Opsomer, H. Schwall, eds., *Psychology and the Classics*, Berlín: De Gruyter, 62-76.

BACON, Helen H. (1961), *Barbarians in Greek Tragedy*, New Haven: Yale University Press.

– (2001), «The Furies' Homecoming», *Classical Philology* 96, 48-59.

BAÑULS OLLER, José Vicente (1997), *Esquilo y la tragedia política. Los siete contra Tebas a la luz de las estructuras iterativas*, Tesis Doctoral (inédita), Universitat de València.

– (2002), «Clitemnestra y la acción trágica», en F. de Martino y C. Morenilla, eds., *El perfil de les ombres*, Bari: Levante Editori, 19-57.

– (2016), «Cuando la tragedia se hace historia y la historia tragedia», *Nova Tellus* 34, 53-87.

– (2017), «Antecedentes homéricos del Agamenón trágico: caracterización del personaje y motivos de la saga», *Ágora* 19, 77-98.

– y Morenilla Talens, Carmen (2008), «Rasgos esquileos en la caracterización de algunos personajes sofocleos», *CFC: Estudios griegos e indoeuropeos* 18, 73-87.

BEDNAROWSKI, K. Paul (2010), «The Danaids' Threat: Obscurity, Suspense and the Shedding of Tradition in Aeschylus' *Suppliants*», *Classical Journal* 105, 193-212.

BEEKES, Robert (2010), *Etymological Dictionary of Greek*, Leiden y Boston: Brill.

BELFIORE, Elizabeth S. (2000), *Murder among Friends. Violation of* Philia *in Greek Tragedy*, Nueva York y Oxford: Oxford University Press.

BONA, Giacomo (1997), «Eschilo e la tragedia», *Lexis* 15, 19-31.

BONAZZI, Mauro (2024), *Criaturas efímeras*, trad. cast., Madrid: Alianza Editorial.

BOUVRIE, Synnøve (1990), *Women in Greek Tragedy*, Oxford: University Press.

BOWEN, Anthony J. (2013), *Aeschylus. Suppliant Women*, Oxford: Aris & Phillips.

BRADEEN, Donald W. (1969), «The Athenian Casualty Lists», *Classical Quarterly* 19, 145-159.

BRILL, Sara (2009), «Violence and Vulnerability in Aeschylus's *Suppliants*», en W. Wians, ed., *Logos and Muthos: Philosophical Essays in Greek Literature*, Nueva York: State University of New York Press, 161-180.

BROADHEAD, Henry D. (1960), *The Persae of Aeschylus*, Cambridge: University Press.

BURIAN, Peter (2023), «*Eumenides*: Justice, Gender, the Gods and the City», en Jacques A. Bromberg y Peter Burian, eds., *A Companion to Aeschylus,* Malden: Blackwell, 130-144.

BUSHNELL, Rebecca (ed.) (2005), *A Companion to Tragedy*, Malden: Blackwell.

BUXTON, Richard G. A. (1982), *Persuasion in Greek Tragedy. A Study of* peitho, Cambridge: University Press.

CAIRNS, Douglas L. (1996), «Hybris, Dishonour, and Thinking Big», *The Journal of Hellenic Studies* 116, 1-32.

CALDERÓN DORDA, Esteban (2014), «Ío, personaje trágico esquíleo», en F. de Martino y C. Morenilla, eds., *A la sombra de los héroes*, Bari: Levante Editori, 51-68.

– (2015), *Esquilo. Tragedias, V. Prometeo encadenado. Fragmentos de otras tragedias sobre Prometeo*, Madrid: CSIC.

CALDWELL, Richard S. (1973), «The Misogyny of Eteocles», *Arethusa* 6, 197-231.

CANFORA, Luciano (2011), *Il mondo di Atene*, Bari: Laterza (trad. cast.: *El mundo de Atenas*, Barcelona: Anagrama, 2014).

CARRASCO-CONDE, Ana (2021), *Decir el mal*, Madrid: Galaxia Gutenberg.

COHEN, David (1991), «Sexuality, Violence, and the Athenian Law of *Hubris*», *Greece & Rome* 38, 171-188.

CONACHER, Desmond J. (1987), *Aeschylus'Oresteia. A Literary Commentary*, Toronto: University Press.

– (1996), *Aeschylus: The Earlier Plays and Related Studies*, Toronto: University Press.

COO, Lindsay (2020), «Greek Tragedy and the Theatre of Sisterhood», en P. J. Finglass y L. Coo, eds., *Female Characters in Fragmentary Greek Tragedy*, Cambridge: University Press, 40-61.

CRITCHLEY, Simon (2019), *Tragedy, the Greeks and Us*, Nueva York: Vintage Books (trad. cast.: *La tragedia, los griegos y nosotros*, Madrid: Turner, 2020).

DEACY, Susan (2008), *Athena*, Londres: Routledge.

DENNISTON, John D. y Page, Denys (1986), *Aeschylus. Agamemnon. Edited with a commentary by J. D. Denniston and Denys Page*, Oxford: Clarendon Press.

DETIENNE, Marcel y Vernant, Jean-Pierre (1988), *Las artimañas de la inteligencia. La Metis en la Grecia antigua*, trad. cast., Madrid: Taurus.

Di Benedetto, Vincenzo (1978), *L'ideologia del potere e la tragedia greca. Ricerche su Eschilo*, Turín: Einaudi.

Dihle, Albrecht (1982), *The Theory of Will in Classical Antiquity*, Berkeley: University of California Press.

Ducrey, Pierre (2015), «War in the Feminine in Ancient Greece», en J. Fabre-Serris y A. Keith, eds., *Women & War in Antiquity*, Baltimore: Johns Hopkins University Press, 181-199.

Dué, Casey (2006), *The Captive Woman's Lament in Greek Tragedy*, Austin: University of Texas Press.

Easterling, Patricia E. (ed.) (1997), *The Cambridge Companion to Greek Tragedy*, Cambridge: University Press

– (1987), «Women in Tragic Space», *Bulletin of the Institute of Classical Studies* 34, 15-26.

Ebbott, Mary (2000), «The List of the War Dead in Aeschylus' *Persians*», *Harvard Studies in Classical Philology* 100, 83-96.

Felson, Nancy y Slatkin, Laura M. (2016), «Shaping Audience Perspectives through Deictic Patterns: Aeschylus's *Persae*», en Heather L. Reid y Davide Tanasi, eds., *Philosopher Kings and Tragic Heroes. Essays on Images and Ideas from Western Greece*, Iowa: Parnassos Press.

Fialho, Maria do Céu (2008), «*Los siete contra Tebas* en el contexto histórico de su representación», en J. V. Bañuls Oller, F. de Martino, C. Morenilla Talens, eds., *Teatro y sociedad en la Antigüedad clásica: las relaciones de poder en época de crisis*, Bari: Levante Editori, 175-188.

– (2012), «Eros e identidade nas *Suplicantes* de Ésquilo», *Humanitas* 64, 43-52.

Finglass, Patrick J. (2016), «A new fragment of Sophocles' *Tereus*», *Zeitschrift für Papyrologie und Epigraphik* 200, 61-85.

– (2020), «Suffering in Silence. Victims of Rape on the Tragic Stage», en P. J. Finglass y L. Coo, eds., *Female Characters in Fragmentary Greek Tragedy*, Cambridge: University Press, 87-102.

FISHER, Nicolas R. E. (1992), *Hybris. A Study in the Values of Honour and Shame in Ancient Greece*, Warminster: Aris Phillips.

FLETCHER, Judith (2007), «The Virgin Choruses of Aechylus», en J. Fletcher y B. MacLachlan, eds., *Virginity Revisited. Configurations of the Unpossessed Body*, Toronto: University Press, 24-39.

FOLEY, Helen P. (2001), *Female Acts in Greek Tragedy*, Princeton y Oxford: Princeton University Press.

FORBES, Paul M. C. (1990), *Metamorphosis in Greek Myths*, Oxford: Clarendon Press.

FRAENKEL, Edward (1962), *Agamemnon edited with a commentary*, 3 vols., Oxford: Clarendon Press.

FRIIS Johansen, Holger y Whittle, Edward W. (1980), *Aeschylus The Suppliants*, 3 vols., Copenhague: Gyldendal.

FRONTISI-DUCROUX, Françoise (2006), *El hombre-ciervo y la mujer-araña: figuras griegas de la metamorfosis*, trad. cast., Madrid: Abada.

GACA, Kathy L. (2010), «The andrapodizing of war captives in Greek historical memory», *Transactions of the American Philological Association* 140, 117-61.

– (2011), «Manhandled and 'kicked around': Reinterpreting the etymology and symbolism of Andrapoda», *Indogermanische Forschungen* 115, 110-4.

– (2015), «Ancient Warfare and the Ravaging Martial Rape of Girls and Women. Evidence from Homeric epic and Greek drama», en M. Masterson *et alii*, eds., *Sex in Antiquity. Exploring Gender and Sexuality in the Ancient World*, Londres: Routledge, 278-297.

– (2016), «Continuities in Rape and Tyranny in Martial Socie-
ties from Antiquity Onward», en S. L. Budin y J. M. Turfa,
eds., *Women in Antiquity*, Londres: Routledge, 1041-1056.

GARVIE, Alexander F. (1986), *Aeschylus. Choephoroi.* With
Introduction and Commentary, Oxford: Clarendon Press.

– (2009), *Aeschylus. Persae*, Oxford: University Press.

– (2016), *The Plays of Aeschylus*, 2.ª ed., Londres: Bloomsbury.

GHERCHANOC, Florence (2021), «Dress, Ethnic Identity,
and Gender in the Achaemenid Empire: Greek Views on
the Persians, and Political Ideology in the Classical Time»,
en J. Fabre-Serris, A. Keith, F. Klein, eds., *Identities, Ethni-
cities and Gender in Antiquity*, Berlín: De Gruyter, 27-45.

GIANNOTTI, Andrea (2018), «"Cose orribili a dirsi, cose
orribili a vedersi": la paura politica nelle *Eumenide* di Eschilo», en M. De Poli, ed., *Il teatro delle emozioni: la paura*,
Padua: University Press, 195-216.

GOLDHILL, Simon (1991), «Violence in Greek Tragedy», en
J. Redmond, ed., *Violence in Drama*, Cambridge: University Press, 15-33.

GONZÁLEZ GONZÁLEZ, Marta (2019), *Funerary Epigrams
of Ancient Greece. Reflections on Literature, Society and Re-
ligion*, Londres: Bloomsbury.

– (2021), Prólogo a *El canto lesbio*, Madrid: RBA Gredos.

– (2022), «*Persians*, a Long *Thrēnos*», *Classical World* 116,
1-22.

– (2023), «On the correct way to supplicate the gods in *Seven
against Thebes*», *Ágora* 25, 13-28.

– (2024), «La utopía de un mundo sin mujeres: ¿misoginia o
tanatofobia?», en Alberto Quiroga y Ángeles Jiménez-Hi-
gueras, eds., *En busca del tiempo y del espacio. Ucronías y
utopías desde la Antigüedad hasta la actualidad*, Coimbra:
Classica Digitalia.

– (2026), «"Don't go in there!": Forms of Fear and Suspense in Aeschylus», en I. Molina Zorrilla, N. Simões Rodrigues y V. Balaskas, eds., *Graeco-Roman Horror and its Modern Reception. Unleashing Classical Dread*, Londres: Routledge, 223-238.

GREGORY, Justina (ed.) (2005), *A Companion to Greek Tragedy*, Malden: Blackwell.

GRIFFITH, Mark (1983), *Aeschylus. Prometheus Bound*, Cambridge: University Press.

GRUEN, Erich S. (2011), *Rethinking the Other in Antiquity*, Princeton y Oxford: Princeton University Press.

HALL, Edith (1989), *Inventing the Barbarian: Greek Self-Definition through Tragedy*, Oxford: Clarendon Press.

– (1995), «Asia unmanned: Images of victory in classical Athens», en John Rich y Graham Shipley, eds., *War and Society in the Greek World*, Londres y Nueva York: Routledge, 108-133.

– (1996, reimpr. 2007), *Aeschylus. Persians*, Oxford: Aris & Phillips.

– (2006), *The Theatrical Cast of Athens: Interactions between Ancient Greek Drama and Society*, Oxford: University Press.

– (2010), *Greek Tragedy. Suffering under the Sun*, Oxford: University Press.

– (2021), «Eating Children Is Bad for You: The Offspring of the Past in Aeschylus' *Agamemnon*», en David Stuttard, ed., *Looking at Agamemnon*, Londres: Bloomsbury, 13-27.

HEATH, Malcolm (2006), «The 'Social Function' of Tragedy: Clarifications and Questions», en D. Cairns y V. Liapis, eds., *Dionysalexandros: Essays on Aeschylus and His Fellow Tragedians in Honour of A. F. Garvie*, Swansea: Classical Press of Wales.

HECHT, Anthony y Bacon, Helen H. (transl.) (2009) (1973 primera ed.). *Seven against Thebes, in Greek Tragedy in New Translations. The Complete Aeschylus*, vol. II. Oxford: University Press.

HOPMAN, Marianne (2009), «Layered Stories in Aeschylus' Persians», en Jonas Grethlein y Antonios Rengakos, eds., *Narratology and Interpretation. The Content of Narrative Form in Ancient Literature*, Berlín y Nueva York: De Gruyter, 357-376.

HUTCHINSON, Gregory O. (1985), *Aeschylus. Septem contra Thebas*. Edited with Introduction and Commentary, Oxford: Clarendon Press.

IRIARTE, Ana (1990), *Las redes del enigma. Voces femeninas en el pensamiento griego*, Madrid: Taurus.

ISAAC, Benjamin (2004), *The Invention of Racism in Classical Antiquity*, Pinceton y Oxford: Princeton University Press.

JAEGER, Werner (1962), *Paideia. Los ideales de la cultura griega*, trad. cast., México: FCE.

KADARÉ, Ismaíl (2006), *Esquilo, el gran perdedor*, trad. cast., Madrid: Siruela.

KERN, Paul Bentley (1999), *Ancient Siege Warfare*, Bloomington, IN: Indiana University Press.

KITTO, Humphrey D.F. (2003) (1939 primera ed.), *Greek Tragedy. A Literary Study*, Londres y Nueva York: Routledge.

KONSTAN, David (1987), «Persians, Greeks and Empire», *Arethusa* 20, 59-73.

– (2006), *The Emotions of Ancient Greeks: Studies on Aristotle and Classical Literature*, Toronto: University Press.

– (2011), «To hellēnikon ethnos: Ethnicity and the Construction of Ancient Greek Identity», en I. Malkin, ed., *Ancient Perceptions of Greek Ethnicity*, Massachusetts: Harvard University Press, 29-50.

KONSTANTINOU, Ariadne (2015), «Tradition and Innovation in Greek Tragedy's Mythological *Exempla*», *Classical Quarterly* 65.2, 476-488.

KURKE, Leslie (1992), «The Politics of ἁβροσύνη in Archaic Greece», *Classical Antiquity* 11, 91.120.

LEÂO, Delfim F. (2021), «Mito, política y sociedad: el teatro y la polis», en M. González y L. Romero, eds., *Claves para la lectura del mito griego*, Madrid: Dykinson, 301-323.

LEVI, Primo (1958), *Se questo è un uomo. La tregua*, Turín: Einaudi (trad. cast.: *Si esto es un hombre*, Barcelona: El Aleph, 1987).

LIBRÁN MORENO, Míriam (2005), *Lonjas del banquete de Homero. Convenciones dramáticas en la tragedia temprana de Esquilo*, Huelva: Universidad.

– (2011), «La nostalgia del ruiseñor (A. *Supp.* 63-64)», en J. Pàmias, ed., *Parua Mythographica*, Oberhaid: Utopica, 73-83.

– (2024), «La perspectiva persa y la griega en *Persas* de Esquilo y su función dramática», en C. Soares, M. González, N. Simôes, eds., *Neste lugar, a sagrada Hélade salvamos. Homenagem a Luísa de Nazaré Ferreira*, Coimbra: Universidad, 47-89.

LLAGÜERRI, Nuria y Morenilla, Carmen (2021), «Παρακοπά, moneda de mala ley en Esquilo», *Humanitas* 77, 25-37.

LLEWELLYN-JONES, Lloyd (2024), *Los persas. La era de los grandes reyes*, trad. cast., Barcelona: Ático de los libros.

LLOYD-JONES, Hugh (1962), «The Guilt of Agamemnon», *Classical Quarterly* 12, 187-199.

– (1970), *Agamemnon, a Translation with Commentary*, New Jersey: Englewood Cliffs.

LORAUX, Nicole (1984), *Les enfants d'Athéna. Idées athéniennes sur la citoyenneté et la division des sexes*, París: F. Maspero (trad. cast.: *Los hijos de Atenea. Ideas atenienses so-*

bre la ciudadanía y la división de sexos, Barcelona: Acantilado, 2017).

– (1999), *La voix endeuillée. Essai sur la tragédie grecque*, París: Gallimard (trad. cast.: *La voz enlutada. Ensayo sobre la tragedia griega*, Madrid: Avarigani, 2020).

MALKIN, Irad (ed.) (2001), *Ancient Perceptions of Greek Ethnicity*, Massachusetts: Harvard University Press.

MARCH, Jenny (2000), «Vases and tragic drama: Euripides' *Medea* and Sophocles' lost *Tereus*», en N. K. Rutter y B. A. Sparkes, eds., *Word and Image in Ancient Greece*, Edimburgo: University Press, 119-139.

– (2003), «Sophocles' *Tereus* and Euripides' *Medea*», en A. H. Sommerstein, ed., *Shards from Kolonos: Studies in Sophoclean Fragments*, Bari: Levante Editori, 139-162.

MARSHALL, Christopher W. (2017), *Aeschylus*. Libation Bearers, Londres: Bloomsbury.

MATTISON, Kathryn (2015), «Sophocles' *Trachiniae*: lessons in love», *Greece & Rome* 62, 12-24.

McCLURE, Laura (1999), *Spoken Like a Woman: Speech and Gender in Athenian Drama*. Princeton: University Press.

MEDDA, Enrico (2024), *Eschilo. Agamennone,* edizione critica, traduzione e commentario a cura di Enrico Medda. Supplemento 31 al «Bollettino dei Classici», Accademia Nazionale dei Lincei (segunda edición revisada).

MEINECK, Peter (2017), «Thebes as high-collateral-damage target: moral accountability for killing in Aeschylus' *Seven against Thebes*», en I. Torrance, ed., *Aeschylus and War. Comparative Perspectives on Seven Against Thebes*, Londres: Routledge, 49-69.

MIRALLES, Carles, *et alii* (2019), *Eschilo. Supplici*, Roma: Bardi.

MITCHELL, Lynette G. (2006), «Greeks, Barbarians and Aeschylus' *Suppliants*», *Greece & Rome* 53, 205-223.

MITCHELL-BOYASK, Robin (2013), *Aeschylus: Eumenides*, Londres: Bloomsbury.

MOLINA ZORRILLA, Isidro (2021), «La violencia como recurso dramático en *Suplicantes* de Esquilo», *Cuadernos de Filología Clásica (egi)* 31, 21-34.

– (2023), *La huida de las Danaides. Un estudio sobre la violencia en* Suplicantes *de Esquilo*, Tesis Doctoral (inédita), Universidad de Málaga.

MORENILLA TALENS, Carmen (2022), «Pues la desmesura, cuando florece, da como fruto la espiga de la ofuscación (*Persas* 821 s.)», en M. P. de Hoz y A. López Fonseca, eds., *Literatura e Historia en el mundo clásico*, Madrid: Guillermo Escolar, 31-50.

– y Bañuls Oller, J. Vicente (1991), «La propuesta de Eurigania (P. Lille de Estesícoro)», *Habis* 22, 63-80.

MOSSMAN, Judith (2012), «Women's voices in Sophocles», en A. Markantonatos, ed., *Brill's Companion to Sophocles*, Leiden y Boston: Brill, 491-506.

MURRAY, Gilbert (1955), *Esquilo, el creador de la tragedia*, trad. cast., Madrid: Espasa Calpe.

NUSSBAUM, Martha (2015), *La fragilidad del bien. Fortuna y ética en la tragedia y la filosofía griega*, trad. cast., Madrid: Machado.

PADUANO, Guido (1978), *Sui Persiani di Eschilo. Problemi di focalizzazione dramatica*, Roma: Edizioni dell'Ateneo.

PAPADOPOULOU, Thalia (2011), *Aeschylus: Suppliants*, Londres: Bloomsbury.

PAYEN, Pascal (2012), *Les revers de la guerre en Grèce ancienne*, París: Belin.

PELLING, Christopher (1997), «Aeschylus' *Persae* and History», en C. Pelling, ed., *Greek Tragedy and the Historian*, Oxford: Clarendon Press, 1-19.

PICKARD-CAMBRIDGE, Arthur W. (²1968), *The Dramatic Festivals of Athens*, Oxford: Clarendon Press.

PHILIPPSON, Paula (2006) (¹1944), *Origini e forme del mito greco*. A cura di Federica Montevecchi, Turín: Bollati Boringhieri.

PODLECKI, Anthony J. (1969), «Reciprocity in *Prometheus Bound*», *Greek, Roman and Byzantine Studies* 10, 287-292.

– (1970), *The Persians by Aeschylus: a Translation with Commentary*, Londres: Prentice Hall.

– (1989), *Aeschylus' Eumenides*, Oxford: Aris & Phillips.

– (1993), «Κατ' ἀρχῆς γὰρ φιλαίτιος λεώς: The Concept of Leadership in Aeschylus», en *Tragedy, Comedy and the Polis*, eds., A. H. Sommerstein *et alii*, eds., Bari: Levante Editori, 55-79.

– (2005), *Aeschylus. Prometheus Bound*, Oxford: Aris & Phillips.

PRITCHETT, W. Kendrick (1985), *The Greek State at War. Part IV*, Berkeley: University of California Press.

RABINOWITZ, Nancy S. (1993), *Anxiety Veiled: Euripides and the Traffic in Women*, Ithaca, NY: Cornell University Press.

RABINOWITZ, Nancy S. (2008), *Greek Tragedy*, Malden: Blackwell.

RACE, William H. (2014), «Phaeacian Therapy in Homer's *Odyssey*», en Peter Meineck y David Konstan, eds., *Combat Trauma and the Ancient Greeks*, Nueva York: Palgrave, 47-66.

RADER, Richard (2009), «"And Whatever It Is, It is You": The Autochthonous Self in Aeschylus's *Seven Against Thebes*», *Arethusa* 42.1, 1-44.

RAEBURN, David y Thomas, Oliver (2011), *The Agamemnon of Aeschylus. A commentary for students*, Oxford: University Press.

REHM, Rush (2002), *The Play of Space. Spatial Transformation in Greek Tragedy*, Princeton: University Press.

– (2021), «Disorienting Aeschylus's *Persians*», *Dramaturgia* 17, 112-125.

ROBERTS, Deborah H. (2017), «Aeschylus' *Seven against Thebes*: War, Women, and the Hecht/Bacon Translation», en S. E. Constantinidis, ed., *The Reception of Aeschylus' Plays through Shifting Models and Frontiers*, Leiden y Boston: Brill, 107-130.

ROBERTSON, Hartley G. (1936), «Δίκη and Ὕβρις in Aeschylus' *Suppliants*», *Classical Review* 50, 104-109.

ROISMAN, Hannah M. (2021), «Clytemnestra and Cassandra», en D. Stuttard, ed., *Looking at Agamemnon*, Londres: Bloomsbury, 49-68.

ROSENBLOOM, David (2006), *Aeschylus: Persians*, Londres: Bloomsbury.

RUFFELL, Ian (2012), *Aeschylus. Prometheus Bound*, Londres: Bristol Classical Press.

SAID, Edward W. (1978), *Orientalism*, Nueva York: Pantheon Books (trad. cast.: *Orientalismo*, Madrid: Ediciones Libertarias, 1990).

SAÏD, Suzanne (1988), «Tragédie et renversement. L'exemple des *Perses*», *Mètis* 3, 321-341.

SANDIN, Pär (2005), *Aeschylus' Supplices: Introduction and Commentary on vv. 1-523*, Lund: Symmachus Publishing.

SCODEL, Ruth (2010), *An Introduction to Greek Tragedy*, Cambridge: University Press (trad. cast.: *La tragedia griega. Una introducción*, México: FCE, 2014).

SEAFORD, Richard (2021), «Six Obstacles to Understanding Aeschylus», *Dramaturgia* 17, 10-22.

SEGAL, Charles (1995), *Sophocles' Tragic World. Divinity, Nature, Society*, Cambridge, MA y Londres: Harvard University Press.

SETTIS, Salvatore (2004), *Futuro del 'classico'*, Turín: Einaudi (trad. cast.: *El futuro de lo 'clásico'*, Madrid: Abada, 2006).

SHAPIRO, Harvey H. (1994), *Myth into Art: Poet and Painter in Classical Greece*, Londres: Routledge.

SMITH, Gertrude (1919), «Athenian Casualty Lists», *Classical Philology* 14, 351-364.

SOMMERSTEIN, Alan H. (1977), «Notes on Aeschylus' *Suppliants*», *BICS* 24, 67-82.

– (1989), *Aeschylus. Eumenides*, Cambridge: University Press

–, ed., trans. (2008), *Aeschylus I, Persians, Seven against Thebes, Suppliants, Prometheus Bound* (Loeb Classical Library). Cambridge MA y Londres: Harvard University Press.

–, ed., trans. (2008), *Aeschylus II, Agamemnon, Libation-Bearers, Eumenides* (Loeb Classical Library). Cambridge MA y Londres: Harvard University Press.

– (2010, segunda edición), *Aeschylean Tragedy*, Londres: Bloomsbury.

– (2017), «Aeschylus and the destruction of Thebes. What did Apollo's oracle mean?», en I. Torrance, ed., *Aeschylus and War. Comparative Perspectives on* Seven Against Thebes, Londres: Routledge, 175-185.

– (2019), *Aeschylus. Suppliants*, Cambridge: University Press.

– (2021), «Agamemnon at Aulis: Hard Choice or No Choice?», en D. Stuttard, ed., *Looking at Agamemnon*, Londres: Bloomsbury, 29-38.

STANFORD, William (1983), *Greek Tragedy and the Emotions: An Introductory Study*, Londres: Routledge & Kegan Paul.

SUSANETTI, Davide (2023), *Eschilo. Prometeo*, Milán: Feltrinelli.

TAPLIN, Oliver (1977), *The Stagecraft of Aeschylus: The Dramatic Use of Exits and Entrances in Greek Tragedy*, Oxford: Clarendon Press.

Bibliografía

SUTTON, Dana Ferrin (1974), «Aeschylus' *Amymone*», *Greek, Roman, and Byzantine Studies* 15, 193-202.

TORRANCE, Isabelle (2007), *Aeschylus: Seven Against Thebes*, Londres: Bloomsbury.

TSAGALIS, Christos C. (2008), *Inscribing Sorrow: Fourth-Century Attic Funerary Epigrams*, Berlín: De Gruyter.

– (2017), *Early Greek Epic Fragments*, I, Berlín: De Gruyter.

VAN WEES, Hans (1992), *Status Warriors: War, Violence, and Society in Homer and History*, Amsterdam: J. C. Gieben.

WEBSTER, Thomas B. L. (1936), «Sophocles' *Trachiniae*», en *Greek Poetry and Life. Essays Presented to Gilbert Murray*, Oxford: Clarendon Press, 168-9.

WEIL, Simone (2014), *L'*Iliade *ou le poème de la force. Et autres essais sur la guerre*, París: Éditions Payoy & Rivages (publicado por primera vez en Les Cahiers du Sud, n. 230 y 232, 1940 y 1941; trad. cast. del primero de los ensayos: *La Ilíada o el poema de la fuerza*, Madrid: Trotta, 2023).

WEST, Martin L. (1998), *Aeschyli Tragoediae*, Leipzig: Teubner.

WINNINGTON-INGRAM, Reginald P. (1977), «Septem contra Thebas», en T. F. Gould y C. J. Herington, eds., *Greek Tragedy. Yale Classical Studies*, volumen XXV, Cambridge: University Press, 1-45.

WOHL, Victoria (1998), *Intimate Commerce. Exchange, Gender, and Subjectivity in Greek Tragedy*, Austin: University of Texas Press, 110-11.

ZEITLIN, Froma M. (1978), «The Dynamics of Misogyny: Myth and Mythmaking in the *Oresteia*», *Arethusa* 11, 149-184.

– (1986), «Configurations of Rape in Greek Myth», en S. Tomaselli y R. Porter, eds., *Rape*, Oxford y Nueva York: Blackwell, 122-151.

– (1990), «Patterns of Gender in Aeschylean Drama: *Seven Against Thebes* and the Danaid Trilogy», en M. Griffith y D. J. Mastronarde, eds., *Cabinet of the Muses, Essays on Classical and Comparative Literature in Honor of Thomas G. Rosenmeyer*, Berkeley: University of California Press, 103-115.

ŽIŽEK, Slavoj (1989), *The Sublime Object of Ideology*, Londres: Verso.

Créditos de las imágenes